Anette Christensen

Mercedes Sosa
Die Stimme der Hoffnung

Eine Begegnung, die mein Leben änderte

Copyright © 2019 Anette Christensen.
Aus dem Englischen von Arno Maierbrugger.
Deutsche Erstauflage 2023. Alle Rechte vorbehalten.

Herstellung und Verlag: BoD – Books on Demand, Norderstedt

Titelfoto: © Bernd Arnold
Rückseitenfoto: © Reuters/Oswaldo Riwas
Kapitelillustrationen: © Monica Gaifem
Zeichnungen: © Anette Christensen
Autorenfoto: © Pernille Schmidt
Umschlag- und Innengestaltung: © Tribute2Life Design
Gesetzt mit: Lora- & Antonio-Satzschrift

ISBN:
978-3-7519-8270-2 (Taschenbuch mit Schwarzweißfotos)
978-3-7519-7139-3 (Taschenbuch mit Farbfotos)

Hommage

„Wenn Mercedes' Aura dich einmal erfasst hatte, dann hast du es nie wieder vergessen. Sie hatte die Fähigkeit, Menschen für sich zu gewinnen wie niemand sonst auf der Welt; man hatte immer das Gefühl, von Mutter Erde selbst umarmt zu werden. Sie hat uns alle mit ihrer Stimme in die Arme genommen, mit dieser unvergleichlichen Belcanto-Stimme, die immer ein reiner Ausdruck ihrer Seele war. Es war nie etwas Künstliches an dieser wunderbaren Frau, dieser mutigen Frau, dieser Ikone des tapferen Widerstands gegen die Militärdiktatur. Für mich strahlte sie das Wichtigste aus, was einen großen Menschen verkörpert: Güte."
Konstantin Wecker, Sänger und Poet, Deutschland

www.wecker.de

Anerkennungen

„Dieses Buch eröffnet eine neue und berührende Perspektive auf unsere geliebte Mercedes. Es ist eine herzliche und liebevolle Anerkennung, die das Leben meiner Mutter würdigt. Ich danke dir, Anette, im Namen der Mercedes-Sosa-Stiftung für all deine Bemühungen."
Fabián Matus, Sohn von Mercedes Sosa und Präsident der Mercedes-Sosa-Stiftung in Argentinien bis zu seinem Tod am 15. März 2019

„Die tiefe Verbundenheit der Autorin mit Mercedes Sosa und ihre anschließende Wandlung sind ein Beweis für die korrektive Kraft positiver Verknüpfungen. Die Autorin schafft mehr, als den Leser nur zu unterhalten oder sein Interesse zu wecken. Sie verbreitet Hoffnung und Wissen."
Pauline Skeates, Psychotherapeutin, Direktorin von Insight International und Entwicklerin der Insight Focused Therapy, Neuseeland

www.insight-international.org

Widmung

Für meinen Mann Kåre. Ich sehe, wer du bist, und du wirst in meinen Augen immer wunderbar bleiben. Du gibst mir das Gefühl, die meistgeliebte Frau der Welt zu sein, und deine Liebe lässt mich leuchten. Meine Seele hat bei dir ihr Zuhause gefunden.

Danksagungen

Danke an Serhan, mein „türkisches Wunder." Du hast an mich geglaubt, mich motiviert, inspiriert und mir Energie gegeben, um dieses Buch fertigzustellen. Deine Freundschaft und dein Vertrauen sind unbezahlbar.

Danke an meine hilfsbereite Familie und meine fürsorglichen Freunde, die mir im Laufe der Jahre auf so viele verschiedene Arten Rückenwind verliehen haben. Ich kann sie nicht alle erwähnen, aber sie wissen, wer gemeint ist!

Danke an Sandy Fabrin von Insight Focused Therapy, die mich mit Einsichten in die psychologischen Aspekte des Themas unterstützt hat.

Danke an meine Investoren, die an mein Projekt geglaubt haben und es mir ermöglichten, mit erstklassigen Redakteuren zusammenzuarbeiten.

Danke an David Larkin, der sich mit ganzem Herzen der Endredaktion dieses Buches gewidmet hat, der verstand, worauf ich hinauswollte, und der mich behutsam zu meinem Ziel geführt hat.

Inhalt

Vorwort 1
Einleitung 3
1. TEIL - MERCEDES SOSAS LEBEN UND WERDEGANG 11
Dänemark, 4. Oktober 2009 13
Buenos Aires, 4. Oktober 2009 16
Die Zeit vor dem Exil 25
Im Exil 69
Die Zeit nach dem Exil 83
Krankheit und letzte Jahre 125
2. TEIL - MEINE BEGEGNUNG MIT MERCEDES SOSA 161
Unsere gemeinsame Menschlichkeit 163
Mein Leben vor Mercedes Sosa 171
Meine heilsame Reise mit Mercedes Sosa 195
Fazit 219
Epilog 225
Interview mit Luis Plaza Ibarra, einem engen Freund 237
Nachtrag 241
Über die Autorin 245
Die Mercedes-Sosa-Stiftung 247
Schlussbemerkung 249
Diskografie 250
Quellenangaben 252
Literaturverzeichnis 255
Bildnachweis 259

Coqui Sosa, Neffe von Mercedes Sosa, Sänger, Autor und kultureller Botschafter im Staat Tucumán, Argentinien

Vorwort

MERCEDES SOSA - *Die Stimme der Hoffnung* hat mein Herz tief berührt. Was diese Biografie so einzigartig macht, ist, dass sie von jemandem geschrieben wurde, der Mercedes vorher nicht kannte und es dennoch geschafft hat, die Tiefe ihres Vermächtnisses zu entschlüsseln und ihr schließlich zu „begegnen" und sie kennenzulernen. Von der ersten Seite an war ich gerührt und erstaunt darüber, wie es Tante Mercedes gelingt, durch Zeit und Raum zu reisen und in Anette Bewunderung und Hingabe auszulösen, um zu erzählen, wer Mercedes wirklich war, und sie für den Leser sichtbar zu machen. In einer Zeit, in der Kunst so vergänglich ist wie das Leben selbst, ist das eine große Herausforderung.

Wer mehr als nur flüchtige Unterhaltung sucht, sollte sich diesem Buch zuwenden und es lesen, denn es ist fundiert und professionell geschrieben, mit einem ehrlichen und aufrichtigen Herzen. Anettes Ziel war es, Mercedes' Leben als Künstlerin und als Mensch einzufangen, und Anette hat ihre Mission erfüllt. Und zwar punktgenau!

Ich bin Anette zutiefst dankbar, dass sie diese dringend notwendige Arbeit auf sich genommen hat, um meine Tante in der ganzen Welt bekannt zu machen und in Erinnerung zu behalten, und ich bewahre *Mercedes Sosa - Die Stimme der Hoffnung* als einen meiner großen Schätze auf!

Coqui Sosa - Tucumán, March 2023

Coqui Sosa in seinem Haus in Tucuman. Die spanische Version von Mercedes Sosa – Die Stimme der Hoffnung ist soeben mit der Post aus Dänemark eingetroffen.

Kontakt:
http://www.youtube.com/@coquisosaoficial
http://www.instagram.com/@coquisosaoficial
http://www.facebook.com/@coquisosa2022

Einleitung

ES IST bemerkenswert, wie viel Einfluss manche Menschen auf unser Leben haben, im Guten wie im Schlechten, und manchmal ganz aus heiterem Himmel und auf unerwartete Weise. Mercedes Sosa, die argentinische Sängerin von Weltrang und mutige Aktivistin, hatte diese Wirkung auf mich – und seltsamerweise war es an dem Tag, an dem sie starb.

Ich hörte zum ersten Mal von Mercedes Sosa, als ihr Tod in den Nachrichten verkündet wurde. Damals war ich an einem Tiefpunkt angelangt, und zwar in einer der schlimmsten Weisen, in denen man sich das vorstellen kann. Die Finanzkrise hatte meinen Mann und mich veranlasst, unsere beiden Unternehmen, ein Reisebüro und ein Immobilienbüro, zuzusperren. Wir waren darüber hinaus gezwungen, unser Haus zu verkaufen, und etwa zur gleichen Zeit wurde bei mir ein chronisches Erschöpfungssyndrom diagnostiziert, sodass ich nicht mehr arbeiten und in weiterer Folge nicht mehr dazu beitragen konnte, unsere Schulden abzubezahlen. Das alles resultierte in einer massiven psychischen Abgeschlagenheit, und ich hatte alle Hoffnung auf eine bessere Zukunft schon nahezu aufgegeben. Dazu kam noch die notwendige Aufarbeitung von Kindheitstraumata, die zur zweitweisen Entfremdung von meiner Mutter geführt hatten.

In diesen Momenten tiefster Verzweiflung entdeckte ich Mercedes Sosa und fühlte neue Hoffnung. Es war, als ob sie meine Genesung einleitete. Als ihr Tod in den Nachrichten verkündet wurde, sah ich einen kurzen Auftritt von ihr mit dem berühmten Lied „Gracias a la Vida" („Dank an das Leben"). Das war ein entscheidender Augenblick. Die Intensität und Festigkeit ihres Gesangs, die Intonation jeder ihrer Stimmlagen und Worte durchfluteten mich, sie waren wie Spiegelungen auf dem Wasser, die meine gekränkte Seele wiedergaben. Ihre Zärtlichkeit, ihre tiefe Leidenschaft, ihre immense Präsenz und ihr Charisma haben mich zutiefst berührt, und diese kurze erste Begegnung war der Auftakt für eine Reise, die mein Leben verändern sollte.

Ich begann, über Mercedes Sosa im Internet nachzuforschen und ihre Musik zu hören, und es dauerte nicht lange, bevor ich völlig in ihr Leben eintauchte – es war für mich ein Universum aus Musik und Liebe. Am Anfang tat ich es nur für mein eigenes Wohlbefinden und zur Erbauung. Die Idee, ein Buch über sie zu schreiben und darüber, wie sich meine Begegnung mit ihr auf mein Leben auswirkte, kam mir erst drei Jahre später. Doch ab diesem Zeitpunkt wurde mir klar, dass ich einen Weg zum Erreichen einer persönlichen Ganzheit entdeckt hatte, der wirklich funktionierte – und dass es wissenschaftliche Grundlagen dafür gab. Die chronische Müdigkeit, unter der ich litt, hatte mich gezwungen, in jeder Hinsicht zurückzustecken.

Das war eine Zeitlang sehr frustrierend, bis ich merkte, dass ich durch die die daraus resultierende Verlangsamung meiner Aktivitäten meine innere Stimme plötzlich besser wahrnehmen konnte. Am Ende brachte mich das dazu, Mercedes Sosa als eine Art Mutterfigur zu sehen. Intuitiv begann ich, in ihre Augen wie in einen Spiegel zu schauen, der mir das zurückwarf, was mir als Kind verwehrt worden war. Ich sah den Blick einer Mutter, einen Blick, der sagte: „Ich sehe, wer du bist, und in meinen Augen bist du wunderbar."

Ich begann, mich besser zu fühlen, vor allem auch, weil ich anfing, mehr Achtsamkeit für mich selbst zu üben. Zuvor erschien es mir, als ob meine schwermütigen Gedanken in einer dunklen Kammer liegen würden und man alle Lichter einschalten müsste, um sie endlich zu finden, aufzuarbeiten und mein Leben wieder zu ordnen. Aber mir wurde klar, dass solche düsteren Gedanken unsere Gefühle und unser Verhalten auf verschiedenste Weise beeinflussen und sie in Wirklichkeit schwer zu klassifizieren sind. Ich erkannte, dass achtsam zu sein bedeutet, einen Schritt zurückzutreten und diese ganzen Gedanken und Gefühle aus einiger Distanz neu zu gliedern, ohne sie gleich im vollen Licht zu bewerten und zu glauben, sie seien unumstößliche Tatsachen.

Als ich diese neue Achtsamkeit praktizierte, kamen manchmal schmerzhafte Erinnerungen aus meiner Kindheit wieder ans Tageslicht. Doch als ich mich wieder auf Mercedes Sosa konzentrierte, wurde mein ganzes Wesen friedlich und entspannt. Natürlich wurde ich neugierig, warum Mercedes und ihre Musik diese Wirkung auf mich hatten.

Auf der Grundlage von Forschungsergebnissen aus der Neurobiologie des Zwischenmenschlichen kann ich nun darstellen, wie die Verbindung mit einem anderen Menschen zu persönlicher Veränderung und innerem Wachstum führen kann und wie dies sogar in einer imaginären Beziehung möglich ist, wie ich sie zu Mercedes Sosa hatte. Die Neurowissenschaften betonen, dass das, worauf wir uns konzentrieren, unser Gehirn formt, was wiederum die Art der Wahrnehmung unserer Welt und die Erfahrung unserer Vergangenheit verändert. Meine persönliche Geschichte im zweiten Teil dieses Buches zeigt, wie ich meine imaginäre Beziehung zu Merccdcs Sosa nutzte, um das neuronale Feuer in meinem Gehirn zu beeinflussen und meine Vergangenheit neu zu schreiben. Sie verdeutlicht den Weg der Heilung, den ich gefunden habe und gegangen bin, einen Weg, der für jeden leicht zugänglich ist. Es wäre mir eine große Freude, wenn meine Erfahrung Sie inspirieren und auch für Sie nützlich sein könnte.

Ich habe das Gefühl, dass ich nicht nur Mercedes Sosa, sondern auch ihrer Stimme der Hoffnung, die in vielen von uns weiterlebt, einen schlechten Dienst erweisen würde, wenn ich meine Geschichte nicht mit Ihnen teilte. Ich habe auch den Eindruck, dass ich es jedem schuldig bin, der mit emotionalen Traumata oder chronischen Schmerzen zu kämpfen hat, denn das, was mir widerfahren ist, kann für jeden funktionieren - egal, ob es durch eine Verbindung mit Mercedes oder einer anderen außergewöhnlichen Person geschieht. Ich lade Sie ein, an meiner persönlichen Reise teilzunehmen, um zu erkunden, warum mir meine Verbindung zu Mercedes Sosa so wichtig wurde, und ich werde Sie in die Geheimnisse einweihen, die ich jahrelang mit niemandem geteilt habe.

Da meine Entdeckung von Mercedes Sosa eine so tiefe und eindringliche Wirkung auf mich hatte, begann ich, nach jedem Bisschen Information zu suchen, die ich über sie finden konnte. Bald erfuhr ich, dass ich nicht die Einzige war, die sich von ihrer Aura gestärkt und verwandelt fühlte. Sie war nicht nur für mich die Stimme der Hoffnung, sondern auch für Millionen von Fans.

Als ich tiefer in Mercedes' Leben eintauchte, entdeckte ich, dass ihre Fans vielfach auf ihre „mystische Präsenz" verwiesen. Das weckte meine Neugierde, ihr persönliches Leben besser zu verstehen - die Beziehungen zu ihrer Familie, ihren Bewunderern und Freunden sowie die Ereignisse, die ihr Leben auf persönlicher und beruflicher Ebene prägten. Ich machte mich auf die Suche nach dem Geheimnis, das hinter ihrem enormen Einfluss und dieser geheimnisvollen „mystischen Präsenz" stecken musste. Was ich dabei entdeckte, berührte mich auf verschiedenste Weise. Zu beobachten, wie Mercedes auf soziale und politische Themenstellungen reagierte, hat mein soziales Bewusstsein geschärft. Zu sehen, wie sie mit anderen umging, egal ob es sich um Bauern oder Präsidenten, Freunde oder Feinde handelte, berührte mich zutiefst und weckte in mir den Wunsch, respektvoller und mitfühlender zu werden und anderen volle Aufmerksamkeit zu schenken. Vor allem aber hat mich ihr Beispiel dazu inspiriert, mit mir selbst näher in Kontakt zu treten, meine Wunden zu heilen, die Ereignisse meiner Vergangenheit anzuerkennen und die unerwarteten Veränderungen zu akzeptieren, die das Leben mit sich bringt. Wenn Mercedes sich von ihren schwierigen Anfängen zu einer empathischen, widerstandsfähigen und authentischen Person wandeln hatte können, dann kann das jeder von uns, indem wir lernen, auf die Herausforderungen des Lebens konstruktiv zu reagieren.

Während ich dieses Buch schrieb, nahm ich Kontakt zu Mercedes' Familie in Argentinien auf in der Hoffnung, mehr Einblicke in ihr Leben zu erhalten und den Segen ihrer Angehörigen für dieses Projekt zu bekommen. Ich wollte Mercedes' Leben, ihr Heranwachsen, ihre Erziehung, ihre musikalische Karriere und das soziale und politische Umfeld, in dem sie lebte, dokumentieren. Ich bin sehr froh, dass ihre Familie das Buch schon in einem sehr frühen Stadium guthieß und meinen psychologischen Ansatz reizvoll fand.

Ich habe auch mit einigen von Mercedes Sosas persönlichen Freunden und Anhängern gesprochen und auch deren Geschichten in das Buch miteinbezogen. Je mehr ich mich mit ihren Landsleuten in Lateinamerika austauschte, desto besser begann ich die tiefe Zuneigung von Mercedes Sosa zu ihrem Volk zu verstehen. Die lateinamerikanischen Menschen haben sich auch für mich als etwas ganz Besonderes entpuppt, und ihre Bereitschaft zur Liebe, Unterstützung und Ermutigung hat mein Herz berührt.

Ich betrachte dieses Buch nicht als vollständige Biografie von Mercedes Sosa – es ist vielmehr ein persönliches Profil von ihr. An einigen Stellen habe ich meine Phantasie spielen lassen, um einige Lücken zu füllen, aber ohne die Glaubwürdigkeit der gesamten Erzählung zu beeinträchtigen. Diese Passagen sind im Anhang aufgeführt. Dabei stelle ich auch dar, wie ich Mercedes auf achtsame Weise gut genug kennengelernt habe, um dieses Buch zu schreiben, ohne umfangreichen Zugang zu originalen spanischen Quellen zu haben.

Vielleicht fragen Sie sich, warum ich mir die Mühe mache, die politische Situation in Südamerika so ausführlich zu beschreiben. Nun, es ist so, dass ich durch Mercedes eine Zuneigung zu Südamerika entwickelt und festgestellt habe, dass der Kontinent in den Medien außerhalb der spanischsprachigen Welt viel zu wenig beachtet wird. Wie Mercedes Sosas Freund, der kubanische Sänger Pablo Milanés, einmal sagte, ist es nicht möglich, die Geschichte Südamerikas und der gesamten lateinamerikanischen Region zu erzählen, ohne Mercedes Sosa zu erwähnen. Ich glaube, das Gegenteil ist auch der Fall. Man kann nicht über Mercedes Sosa reden, ohne über diesen unruhigen, aber lebendigen Kontinent zu berichten, in den Mercedes ihr ganzes Leben investiert hat. Dabei bezeichne ich Südamerika als den Kontinent in der westlichen Hemisphäre, der aus den Ländern und Inseln südlich von Panama besteht, und verwende Lateinamerika als kulturelle Einheit von spanisch- und portugiesischsprachigen Menschen in dieser Region.

Die Zeichnungen in diesem Buch sind meine eigenen. Ich bin keine Künstlerin und habe nie Zeichenunterricht genommen. Aber als ich Mercedes Sosa zusah und zuhörte, begann ich, meine Vorstellung von ihr zu Papier zu bringen. Das wurde für mich zu einer Form der Therapie.

Auf meinem YouTube-Kanal *Mercedes Sosa - The Voice of Hope* finden Sie eine Wiedergabeliste mit vielen der Lieder und Episoden, die ich in diesem Buch beschreibe. Ich möchte Sie ermutigen, den Kanal zu besuchen, damit Sie das, was hier beschrieben wird, voll und ganz verstehen können.

Ich freue mich, dass ich Ihnen nach fast neun Jahren des Nachdenkens, Zuhörens, Beobachtens, Recherchierens, Schreibens und letztlich auch Erholens endlich diese erstaunliche Frau vorstellen kann, die mit ihrem einzigartigen Talent und ihrer überragenden Persönlichkeit einen ganzen Kontinent beeinflusst hat und die sogar nach ihrem Tod mein Leben veränderte.

Ich habe dieses Buch aus tiefem Respekt vor Mercedes Sosa und allem, wofür sie stand, geschrieben. Es ist meine Liebeserklärung an Mercedes Sosa. In ihrer Stimme wird das Leben zu einem Lied, das nach Hoffnung klingt und so süß und schön wie die Blume duftet, die auf dem Weg derer wächst, die voller Erwartungen nach vorne blicken. Ihre Stimme steht für cinc Frau, die Träume, Ideale und Liebe verkörperte, die weit über die Grenzen der Musik hinausgehen. Mercedes Sosa war mehr als ihre Lieder. Sie war die Stimme der Hoffnung für viele. Möge dieses Buch ihre Stimme und die Hoffnung, die sie entfacht hat, weitergeben.

1. Teil

Mercedes Sosas Leben und Werdegang

„Die großartigsten Menschen, die wir kennen, sind diejenigen, die Niederlagen, Leiden, Kämpfe und Verluste erlebt und ihren Weg aus diesen Tiefen gefunden haben. Diese Menschen haben eine Wertschätzung, eine Sensibilität und letztlich ein Verständnis für das Leben erlangt, das sie mit Mitgefühl, Sanftmut und einer tiefen, liebevollen Besorgtheit erfüllt. Menschen mit innerer Größe entstehen nicht einfach so."
Elisabeth Kübler-Ross

Dänemark, 4. Oktober 2009

„Die argentinische Sängerin und Volksheldin Mercedes Sosa ist in einem Krankenhaus in Buenos Aires, in das sie vor drei Wochen eingeliefert worden war, an multiplem Organversagen gestorben. Ihre Karriere erstreckte sich über sechs Jahrzehnte, sie spielte mehr als vierzig Alben ein und trat in der ganzen Welt auf. In der Zeit der Diktatur war Sosa für viele Argentinier ein Bezugspunkt im Untergrund. Mit ihren Liedern belebte sie die Protestbewegung der Arbeiterschaft, die 1983 zum Sturz der Militärjunta führte. Mercedes Sosa wurde in Europa bekannt, als sie von 1979 bis 1982 in Spanien und Frankreich im Exil lebte. Sie wurde vierundsiebzig Jahre alt."

ES IST Sonntagabend und ich schaue mit meinem Mann die Fernsehnachrichten. In einem Bericht über den Tod von Mercedes Sosa erscheint auf dem Bildschirm ein kurzer Filmausschnitt, der eine anmutige Frau mit langen, dunklen Haaren zeigt, die ein schwarzes Kleid mit einem roten Andenponcho darüber trägt. Mit besonderer Leidenschaft und einer markanten, gefühlvollen Stimme singt sie das Lied „Gracias a la Vida". Ihre Authentizität und ihr Charisma ziehen mich in ihren Bann, und es dauert nicht lange, bis ich merke, dass eine echte und aufrichtige Frau auf diesem Bildschirm zu sehen ist, die so unverfälscht und außergewöhnlich erscheint, dass ich mich frage, warum ich nicht schon früher von ihr gehört habe. Als ob es plötzlich alles wäre, was zählt, stehe ich auf und setze mich vor das Internet, um mehr über diese Frau herauszufinden. Eine enorme Anzahl von YouTube-Links wird über sie angezeigt. Ich beginne nachzuforschen und mehr von ihren Liedern zu hören.

In einem der ersten Videos, die ich anklicke, singt Mercedes mit dem argentinischen Folklore-Quartett Los Chalchaleros das Lied „*Zamba Por Vos*" (*Zamba für dich*), das den argentinischen Volkstanz Zamba zur Grundlage hat. Strahlend und anmutig wie eine sanfte Umarmung betritt Mercedes die Bühne mit einem tröstlichen Lächeln auf den Lippen und einem Funkeln an Lebensfreude in ihren Augen. Unter nicht enden wollendem Applaus der Zuschauer begrüßt sie die Mitglieder der Gruppe und umarmt alle herzlich. Dann wendet sie sich dem Publikum zu und beginnt in entspannter Körperhaltung mit ihrer tiefen Altstimme zu singen – angenehm und weich.

Das nächste Musikstück, das ich mir ansehe, ist „*Todo Cambia*" (*Alles ändert sich*), aufgenommen beim internationalen Liederwettbewerb Festival de Viña del Mar in Chile 1993. Von Kopf bis Fuß in Schwarz gekleidet, wirkt sie mystisch und monumental und klingt genauso kraftvoll und überzeugend wie sie aussieht. Ich spüre die ungeheure Energie, die von ihr ausgeht, wenn sie mit ihren lateinamerikanischen Tanzschritten über die Bühne wirbelt und dabei ihren Schal über dem Kopf schwingt, eine Geste, die charakteristisch für ihre Auftritte ist. Ich sehe eine dynamische und aufrichtige Person, die keine Angst hat, ihr wahres Ich auszudrücken. Der ehrliche, zärtliche und doch feste Blick in ihren Augen fesselt mich, und ich habe das Gefühl, dass sie mir durch den Computerbildschirm direkt in die Seele schaut. Sie hat etwas an sich, das ich eine „mystische Präsenz" nenne, die bis in die tiefsten Tiefen meines Wesens und meiner Sehnsucht vordringt. Tränen laufen mir über das Gesicht, als ich merke, dass ich jemanden mit einer Ausstrahlung begegnet bin, den ich immer zu finden gehofft hatte.

Mir wird instinktiv klar, dass sie eine Sängerin mit einer Botschaft und einer Mission ist. Ich möchte herausfinden, worin diese bestehen.

Buenos Aires, 4. Oktober 2009

NACH DER offiziellen Ankündigung des Präsidenten, drei nationale Trauertage einzulegen, wehen in ganz Argentinien die Fahnen auf Halbmast. Im ganzen Land werden für diesen Zeitraum geplante Konzerte und andere kulturelle Aufführungen abgesagt, und Beileidsbekundungen von Staatsoberhäuptern aus Lateinamerika und dem Rest der Welt treffen ein.

„La Negra" (Die Schwarze), wie sie wegen ihres pechschwarzen Haars und ihrer nordargentinischen, andinen Abstammung liebevoll genannt wurde, liegt friedlich in ihrem Sarg im feierlichsten Saal des Kongressgebäudes in Buenos Aires, dem „Salón de los Pasos Perdidos", eine Ehre, die nur den prominentesten Ikonen des Landes zuteilwird. Auf der Avenida Callao, der Straße, die zum Kongress führt, stehen die Bewunderer Schlange, um „La Negra" die letzte Ehre zu erweisen.[1]

In den Pasos Perdidos schmücken üppige Kränze den imposanten Marmorsaal. Riesige Kronleuchter und massive Kerzen erhellen den schummrigen Raum mit seiner hohen Decke, in dessen Mitte der offene Sarg steht. Die damalige argentinische Präsidentin Cristina Fernández de Kirchner begleitet Sosas Familie bei den Ehrerweisungen für die verblichene Sängerin. Die Familie, darunter

Mercedes' Sohn Fabián Matus und ihre beiden Enkel Agustín und Araceli, stehen eng beieinander und halten sich gegenseitig fest, während Cristina die leblose Hand von Mercedes Sosa streichelt. Christinas Ehemann, der ehemalige Präsident Néstor Kirchner, steht bedächtig und mit einem wachsamen Blick an ihrer Seite.

Auch viele ganz gewöhnliche Menschen aus dem Volk sind da. Ehrfürchtig geht eine nicht versiegen wollende **Schar von Trauernden** an dem Sarg vorbei, in dem die vielbewunderte Verstorbene in ihrem bestickten blauen Kleid ruht. Ihr langes, schwarzes Haar, das im Alter von vierundsiebzig Jahren noch keine einzige graue Strähne aufweist, umrahmt ihr ruhiges Gesicht mit den charakteristischen hohen Wangenknochen. Ihre Hände sind sorgfältig auf dem Bauch gefaltet und umschließen einen Strauß weißer Rosen. Der Sänger Argentino Luna spielt ihre Lieder, während ihre Anhänger unter Tränen mitsingen und abwechselnd Blumen an ihrem Sarg ablegen.

5. Oktober 2009

FABIÁN UND Mercedes' andere engste Verwandten folgen dem braunen Holzsarg, als er schließlich zu dem vor dem Kongressgebäude geparkten Leichenwagen getragen und darin aufgebettet wird. Entlang der Avenida Rivadavia versammeln sich Trauernde aller Altersgruppen, um dabei zu sein, wenn die von allen so verehrte Sängerin ihre letzte Reise vom Kongressgebäude zum Krematorium antritt. Sie sind vereint in einem Moment der argentinischen Geschichte, und soziale und politische Grenzen scheinen aufgehoben zu sein.

Die Prozession des Leichenwagens und seiner Begleitfahrzeuge zieht langsam vorbei an den Trauernden, von denen viele Transparente hochhalten, auf denen bewundernswerte Dinge über „La Negra" stehen. Ein älterer Mann in seinen Sechzigern mit der Anmutung eines Revolutionärs hält ein Transparent hoch, auf dem „Danke für dein Leben und deinen Kampf" zu lesen ist. Einige Menschen klatschen und schwenken mit anmutiger Begeisterung die argentinische Flagge. Junge Leute skandieren „Olé Olé Olé Olé, Negra Negra", als wäre die Fußballnationalmannschaft nach dem Gewinn einer Meisterschaft heimgekehrt. An fast jeder Ecke beginnen Menschengruppen mit unterschiedlichsten Instrumenten zu musizieren und zu singen. Wunderbare Musik hallt durch die Straßen von Buenos Aires – jene Art von Musik, die seit Jahrzehnten Hoffnung und Trost spendet, die Tyrannei herausfordert und die Demokratie nährt.

Es ist ein Tag der Trauer, der tief in die argentinische Seele eindringt. Die nationale Volksheldin, die Mutter der Nation, ist tot. Aber was sie durch ihr Leben und ihre Lieder gegeben hat, wird nie sterben. Es wird weiterleben.

Die Prozession verlässt langsam das Kongressgelände. Die vorderen Wagen sind über und über mit Blumen geschmückt. Im letzten Wagen fährt der Sarg.

Oben: Fabián Matus, Sohn von Mercedes Sosa, und Freunde tragen ihren Sarg während ihrer Beerdigung in Buenos Aires am 5. Oktober 2009.

Oben links: Der Leichnam von Mercedes Sosa liegt in einem Sarg bei der Totenwache im Kongressgebäude in Buenos Aires am 4. Oktober 2009.

Unten links: Menschen stehen vor dem Kongress an, um Mercedes Sosa in Buenos Aires am 4. Oktober 2009 die letzte Ehre zu erweisen.

Oben: Ein Mann hält ein Transparent mit der Aufschrift „Danke Negra für deine Lieder und deinen Kampf" hoch, während er vor dem Kongress darauf wartet, sich von Mercedes Sosa zu verabschieden.

Oben links: Menschen säumen am 5. Oktober 2009 die Straße, um Abschied zu nehmen, während der Leichenwagen mit dem Sarg von Mercedes Sosa vom Kongressgebäude zum Friedhof in Buenos Aires fährt.

Unten links: Die Menschen singen und musizieren auf der Straße mit traditionellen Instrumenten, um der verstorbenen Sängerin die letzte Ehre zu erweisen.

Eine Frau hält ein Bild von Mercedes Sosa auf dem Friedhof Chacarita in Buenos Aires am 5. Oktober 2009.

Die Zeit vor dem Exil

San Miguel, Tucumán, 9. Juli 1935

IM KRANKENHAUS von Santillán im Nordwesten Argentiniens hat die vierundzwanzigjährige Ema del Carmen Girón gerade entbunden. Es ist sieben Uhr morgens. Ihre neugeborene Tochter liegt ruhig schlafend in ihren Armen. Zuvor hatte das Baby seinen Eintritt in die Welt mit einem kräftigen Schrei begleitet, der auf der ganzen Entbindungsstation zu hören war. Was niemand ahnt, ist, dass eine der großartigsten Stimmen der Musikgeschichte gerade ihren ersten Ton von sich gegeben hat.

Ema ist dankbar für dieses neue, kostbare Leben, das sie in ihren Armen hält, und für eine Weile vergisst sie alle finanziellen Herausforderungen, die die spätere Aufbringung und Erziehung eines neugeborenen Kindes unweigerlich mit sich bringen. Ema arbeitet als Wäscherin, und ihr Mann, Ernesto Quiterio Sosa, ist als Zuckerarbeiter tätig, er erntet Zuckerrohr auf dem Feld und schaufelt Kohle in die Öfen der Tucumán-Zuckermühle.

Durch das halb geöffnete Fenster kann Ema in der Ferne Kanonensalven hören. Sie zählt mit – es sind einundzwanzig. Der 9. Juli ist der argentinische Unabhängigkeitstag. Ema hat das Gefühl, dass es kein Zufall ist, dass ihre Tochter an diesem Tag geboren wird. Als die Hebamme ins Zimmer zurückkommt, ruft sie Ema zu: „Dieses Mädchen wird eines Tages sehr bedeutsam sein. Ihre Geburt wird mit einundzwanzig Salutschüssen begrüßt."[2] Diese Prophezeiung behält Ema von diesem Moment an in ihrem Herzen.

EMA UND ihr Mann Ernesto sind sich normalerweise in allem einig, aber als sie ihrer neugeborenen Tochter einen Namen geben müssen, gibt es Probleme. Ema möchte sie Marta nennen, während Ernesto sich für Mercedes, nach seiner Mutter, und Haydeé, nach einer Cousine, die er sehr mag, entscheidet. Letztendlich erhält die Kleine den Namen Haydeé Mercedes Sosa, aber ihre Mutter wird sie für den Rest ihres Lebens unablässig Marta nennen.[3]

Mercedes wächst in der Provinz Tucumán auf, die auch der „Garten der Republik" genannt wird. Es ist eine halbtropische, landwirtschaftlich geprägte Region mit unzähligen Zuckerrohrfeldern, Blumenhainen und Obstbäumen und die kleinste Provinz des Landes. In dieser Oase in der nordwestlichen Ecke Argentiniens wächst Mercedes mit ihrer älteren Schwester Clara Rosa – auch Cocha genannt – und ihren beiden Brüdern Fernando und Orlando auf. Die Familie wohnt in einem armen Arbeiterviertel. Die rosa Farbe an den Außenwänden ihres kleinen, einstöckigen Hauses in der Calle San Roque 344 ist von Ruß und Rauch der nahegelegenen Fabriken fast schwarz geworden, und an einigen Stellen bröckelt der Verputz ab.

Das einzige Licht, das in das Haus fällt, kommt durch zwei kleine Fenster mit Eisengittern, durch die man auf eine schmale

Straße schauen kann, in der die Kinder spielen und sich ihren eigenen Zeitvertreib erfinden, weil sie kein Spielzeug haben.

Glücklicherweise wohnt die Familie in der Nähe des örtlichen Parks, der mit seinem Namen Parque de 9 Julio auch mit dem Datum der argentinischen Unabhängigkeit verbunden ist. Er wird für Mercedes zu einem zweiten Zuhause.[3]

Sie ist immer fröhlich und kommt leicht mit anderen in Kontakt. Aber manchmal ist sie lieber alleine und zieht sich unter ihren Lieblingsbaum zurück. Sie sitzt gerne an die Rinde gelehnt und beobachtet die Insekten, die um sie herumschwirren. Sie ist in vielerlei Hinsicht ein robustes Kind, aber sie hat auch eine sensible, nachdenkliche Seite. Sie fragte sich zum Beispiel, warum manche Menschen reich und andere arm sind. Schon sehr früh in ihrem Leben entwickelt sie ein Gefühl für Recht und Unrecht. Eine Sensibilität, die dadurch entsteht, dass ihre Eltern so hart arbeiten müssen, um ihre Familie zu ernähren. Selbst wenn die Eltern ihr Bestes geben, können sie es sich oft nicht leisten, ausreichend Essen für ihre Kinder zu kaufen. Um ihre hungrigen Sprösslinge abzulenken, gehen sie fast jeden Abend zur Essenszeit mit ihnen zum Spielen in den Park.[3]

Für Mercedes sind die Samstage die besten Tage, denn dann wird ihr Vater bezahlt und die Familie kann Spaghetti mit Butter essen, die einzige warme Mahlzeit, die sie in dieser Zeit in der Woche bekommen. Oft hält sie der Hunger nachts stundenlang wach.[4]

Später im Leben würde Mercedes jedoch sagen, dass sie eine recht glückliche Kindheit hatte. „Ich möchte nicht jammern als jemand, der in Hunger, Armut und Kälte gelebt hat. Ja, ich habe meine Kindheit in einer armen Umgebung verbracht, die jedoch durch die notwendigen positiven Gefühle erwärmt wurde. Meinen Geschwistern und mir hat es nie an Liebe gefehlt. In dieser Hinsicht waren wir Millionäre. Unsere Eltern haben sich nicht nur ihr Leben lang aufgeopfert, sondern sie waren auch weise. Sie haben uns für ihre Opfer nie eine Last auferlegt. Sie haben uns alles gegeben, was sie konnten, ohne sich darüber zu beklagen, was sie alles dafür tun mussten."[5]

Mercedes wächst nie wirklich aus der Mentalität der Armut heraus, in der sie aufgewachsen ist. Sie prägt ihr soziales Bewusstsein und verleiht ihr Mitgefühl für die Armen, was zusammen mit der Liebe ihrer Eltern ihre Ideologie formt und das feste Fundament bildet, auf dem sie ihrem Weg weiter beschreitet. Als Erwachsene kommt sie zu dem Schluss: „Die Armut hat uns immer verfolgt, aber sie hat uns nie gebrochen. Sie hat uns stattdessen geholfen, frei zu werden und unsere eigene Denkweise zu entwickeln."[3]

Mercedes hat eine enge Beziehung zu ihren Großeltern. Ihr Großvater mütterlicherseits ist Halbfranzose, während ihre Großeltern väterlicherseits Quechua-Wurzeln haben, eine indigene Bevölkerung, die von den Inkas abstammt. Mercedes wird sich ihrer indianischen Herkunft erst bewusst, als ihre Großmutter im Sterben liegt und im Delirium Quechua zu sprechen beginnt. Diese neue Entdeckung weckt in ihr die Zuneigung zu den indigenen Völkern und deren Kultur, eine Gewogenheit, die sie ihr Leben lang begleiten wird.[2]

Als Mercedes in die Schule kommt, lernt sie schnell lesen. Sie begann Gefallen daran zu finden, und wann immer Ema zuhause Platz zum Kochen braucht, schickt sie Mercedes in ihr Zimmer, wo sie in Ruhe lesen kann.[6]

Ema ist es wichtig, dass Mercedes so viel Wissen wie möglich erlangt, und Mercedes widersetzt sich nie. Sie ist neugierig und wissbegierig und saugt ein Buch nach dem anderen auf wie ein Schwamm. Es erweitert ihren Horizont und vermittelt ihr ein Verständnis für Geschichte, Kultur und Menschen anderer Herkunft als ihrer eigenen. Außerdem singt und tanzt Mercedes seit ihrer Kindheit. Es ist für sie so normal wie gehen und sprechen. Und doch, sie bleibt schüchtern und führt ihr Können nicht gerne vor anderen auf.

Eines Tages, im Oktober 1950, als sie fünfzehn Jahre alt ist, entdeckt ihre Musiklehrerin Josefina Pesce de Medici die Sangesfähigkeiten der jungen Mercedes. Um ihr Talent zu fördern, bittet sie sie, als Mitglied des Schulchores die Nationalhymne bei einer Schulfeier solo zu singen. Mercedes will sich davor drücken, aber die Lehrerin besteht darauf. Sie ermutigt Mercedes, vor einem Publikum aus anderen Lehrern, ihren Mitschülern und deren Eltern aufzutreten und laut und deutlich die Hymne zu intonieren. Mercedes ist anfangs nervös, doch letztlich überwindet sie ihr Lampenfieber und der Auftritt gelingt ihr so gut, dass ihre Lehrerin und einige ihrer Kollegen beschließen, sie für einen Wettbewerb beim örtlichen Radiosender anzumelden.

„Ich erinnere mich noch gut an das Singen in dieser frühen Zeit. Aber es ist nicht vergleichbar mit dem, was danach kam. Es gab ein einschneidendes Datum. Ich war fünfzehn Jahre alt, und eines Tages war die Schule zwei Stunden früher zu Ende. Ich beschloss tatsächlich, zum Radiosender der Stadt, LV12, zu gehen, wo der Wettbewerb stattfand. Ich wollte eigentlich nur mitspielen, anstatt zu singen."[5]

Aber in der Folge entscheidet sich Mercedes, doch ein Lied zu singen. Es ist „*Triste Estoy*" (Ich bin Traurig), eine Zamba von Margarita Palacios, und Mercedes singt unter dem Pseudonym Gladys Osorio. Sie gewinnt den Wettbewerb und erhält als Belohnung einen zweimonatigen Vertrag mit dem Radiosender. Dies ist der erste Schritt ihrer langen Laufbahn. Mercedes wird zu diesem Zeitpunkt klar, dass sie den Rest ihres Lebens eine Sängerin bleiben möchte. Ein Star ist geboren.

Ihre Mutter weiß von dem Wettbewerb, aber nicht Ernesto, ihr Vater, von dem sie befürchtet, dass er damit nicht einverstanden ist. Er erfährt davon, als er die Stimme seiner Tochter im Radio hört, und wird tatsächlich sehr wütend. Als Mercedes nach Hause kommt, ohrfeigt er sie, was er noch nie zuvor getan hat. Er will nicht, dass seine Tochter Sängerin wird, weil er sich vorstellt, dass sie sich dadurch von der Familie entfernen und beginnen würde, ein wildes und liederliches Leben zu führen. Er glaubt auch nicht an ihre Zukunft als Sängerin und möchte, dass alle seine Kinder eine solide Ausbildung erhalten, damit sie im Leben mehr erreichen können als er. Das Problem ist, dass Mercedes als Minderjährige die Unterschrift eines Elternteils braucht, um den Zwei-Monats-Vertrag mit dem Radiosender zu bekommen, und Ema will nicht hinter dem Rücken ihres Mannes unterschreiben. Doch als kluge Frau, die es versteht, auf ihren Mann einzuwirken, kann sie Ernesto mit ein bisschen Überredungskunst schließlich überzeugen, und er willigt ein unter der Bedingung, dass Mercedes eine richtige Ausbildung erhält. Um ihn zufrieden zu stellen, beschließt Mercedes, Tanzlehrerin zu werden und traditionelle lateinamerikanische Tänze wie Chacarera, Milonga und Zamba zu studieren.

Die Gegend, in der sie aufwächst, mit dem Einfluss der indigenen Kultur des nahe gelegenen Boliviens, inspiriert Mercedes dazu, Volkssängerin zu werden, obwohl sie stattdessen leicht eine Opernkarriere hätte einschlagen können und dies sogar eine Zeit lang in Betracht zieht. Die Wahl ihrer Ausbildung erweist sich als Vorteil für ihre weitere Karriere als Künstlerin. Sie fährt mit ihren Sangesdarbietungen fort und erhält immer wieder Einladungen zu öffentlichen Auftritten. Ihre Eltern fangen bald an, sich daran zu gewöhnen. Es dauert nicht lange, bis ihr die ganze Familie zu den Auftritten folgt, wohin sie auch geht.[4]

So sehr Mercedes das Singen liebt und so oft sie auch vor Publikum auftritt, so bleibt es am Anfang doch jedes Mal eine große Herausforderung, wenn sie vor Publikum steht. Sie ist immer noch scheu und leidet trotz ihrer einnehmenden Erscheinung unter starkem Lampenfieber. Eine Angst, von der sie weiß, dass sie sie überwinden muss, wenn sie sich ihren Traum erfüllen will.

EMA UND Ernesto interessieren sich für Politik. Sie gehören keiner Partei an, unterstützen aber Juan Perón und noch mehr seine Frau Evita, die sie für ihre anmutige Erscheinung und ihre Ausstrahlung bewundern. Wie sie stammt Evita aus einer armen ländlichen Gegend; aber im Gegensatz zu ihnen (so wie vielleicht in Zukunft ihre Tochter) hat sie die Armut abgeschüttelt, indem sie die Schauspielkunst erlernte und als Darstellerin

Erfolge feierte. Jetzt, da ihr Mann Präsident ist, ist sie sowohl für das Arbeits- als auch für das Gesundheitsministerium zuständig. Ihr Schwerpunkt sind Reformen zur Unterstützung der ärmsten Bevölkerungsschichten Argentiniens. Dafür gründete sie eine Wohltätigkeitsorganisation, die Eva-Peron-Stiftung, die für den Bau von Häusern, Schulen, Krankenhäusern und Kinderheimen zuständig ist. Evita steht auch hinter der Gesetzgebung, die Frauen zum ersten Mal das Wahlrecht gibt. In den Augen der Arbeiterklasse ist sie eine Heldin und wird von Millionen von Argentiniern verehrt, während der rechtskonservative Teil der Gesellschaft sie vehement ablehnt.

Mit ihren siebzehn Jahren verehrt auch Mercedes Evita und sieht in ihr eine echte Revolutionärin. Es ist ein großer Schock für sie, als Evita am 26. Juli 1952 im Alter von nur dreiunddreißig Jahren an Gebärmutterhalskrebs stirbt.[2]

IM JAHRE 1957 lernt Mercedes Manuel Oscar Matus kennen, einen Komponisten und Gitarristen, mit dem sie die Leidenschaft für traditionelle lateinamerikanische Musik teilt. Sie verliebt sich Hals über Kopf in ihn und seine Lieder, obwohl sie bereits mit einem anderen verlobt ist.

„Ich wollte einen reichen Mann heiraten, aber ich habe mich für einen armen Mann entschieden, und ich habe es nie bereut. Dieser arme Mann war der Autor der schönsten Lieder, die ich je gesungen habe. Es wäre ein großer Fehler gewesen, ihn nicht zu heiraten."[3]

Darüber hinaus ist Oscar gutaussehend und charmant und vertritt sehr überzeugend linke Ideale. Sie heiraten am 5. Juli 1957. Mercedes will Tucumán, wo sie ihr ganzes bisheriges Leben verbracht hat, nicht verlassen, aber Oscar überredet sie, nach Mendoza im mittleren Westen des Landes zu ziehen. Die Stadt ist ein kultureller Treffpunkt für viele Künstler, wo viele neue, nützliche Freundschaften geschlossen werden. Mercedes wird bald schwanger, und am 20. Dezember 1958 bringt sie einen Sohn zur Welt, Fabián. Doch bald stellt sich heraus, dass ihre ursprünglichen Ziele, von der Musik zu leben, nicht so einfach zu verwirklichen sind; die junge Familie hat zunehmend mit finanziellen Schwierigkeiten zu kämpfen und lebt in ärmlichen Verhältnissen, die Mercedes an ihre Kindheit erinnern. Obwohl sie gerne in Mendoza bleiben würden, beschließen sie aufgrund ihrer misslichen Lage, in die Hauptstadt Buenos Aires zu ziehen, wo sie sich bessere Chancen und ein stabileres Leben erhoffen. Sie nehmen Abschied von ihren Freunden und engen Verwandte und machen sich auf den Weg.[8]

Aber auch in der Hauptstadt können sie bald nicht mehr von ihrer Musik alleine leben und nehmen deshalb einfache Arbeiten als Putzkraft und Hotel-Nachtportier an. Wie früher ihre Eltern leidet Mercedes unter der Last, nicht ausreichend zur Ernährung ihrer Familie beitragen zu können. Wenn sie auf den Markt geht, kauft sie übrig gebliebene Rippenknochen, auf denen selten noch Fleisch dran ist – doch die Knochen verleihen der dünnen Suppe, die sie zu Hause kocht, zumindest etwas Geschmack. Zum ersten Mal in ihrem Leben fühlt sie sich richtig entmutigt und deprimiert. So hat sie sich das Leben nicht vorgestellt – weder für sich noch für ihren Sohn.

Künstlerisch bleibt Oscar Matus eine große Inspiration für Mercedes, und sie findet große Freude daran, seine Lieder zu singen. Er ermutigt sie, sich noch mehr der ursprünglichen lateinamerikanischen Musik zu widmen und die Traditionen der Volksmusik wiederzubeleben, ein Genre, das durch die immer populärer werdende moderne Musik in Vergessenheit zu geraten droht. Er ist der Produzent ihrer ersten beiden Alben *La Voz de la Zafra* (Die Stimme der Ernte) und *Canciónes Con Fundamento* (Lieder Mit Grundsatz).

Sie geben oft Konzerte für die Studenten auf dem Campus der Universität von Buenos Aires, wo Mercedes auf große Anerkennung des Publikums trifft, das von ihrer Stimme und ihrer einnehmenden Erscheinung begeistert ist. Sie nimmt sich immer Zeit für Gespräche mit den Studenten und hört sich ihre Ideen an. Doch als ihre Popularität zunimmt, erwacht in Oscar eine Art künstlerische Eifersucht, die ihre Ehe zu belasten beginnt. Der finanzielle Druck, der trotz Mercedes' jüngster Erfolge immer noch besteht, beeinträchtigt die Verbindung zusätzlich. Ungeachtet ihrer Wertschätzung von Oscars Musik beginnt sie zu bezweifeln, dass ihre Ehe von Dauer sein wird. Zu diesem Zeitpunkt scheint es, dass nur ihre gemeinsame Leidenschaft für die Musik sie noch zusammenhält.

DIE IN Chile unter dem Einfluss von Violeta Parra und Víctor Jara entstandene Bewegung des Neuen Liedes (Nueva Canción Movimiento) breitet sich in den sechziger und siebziger Jahren in ganz Lateinamerika aus. Als eine Form des politischen Liedes hat sie grundlegend revolutionäre Züge, weil die Musiker Forderungen nach Demokratie, sozialer Gerechtigkeit und persönlicher Freiheit in ihre Darbietungen verweben mit dem Ziel, durch ihre Lieder einen sozialen und politischen Wandel zu erreichen.

Die Texte stellen Themen wie Armut, Imperialismus, Demokratie, Menschenrechte und Religionsfreiheit in den Mittelpunkt und handeln oft von Menschen am Rande der Gesellschaft und deren Mühsal und Hoffnungen. Das Lied „Plegaria a un Labrador" (Gebet für einen Feldarbeiter) von Víctor Jara zum Beispiel handelt von der Notwendigkeit landwirtschaftlicher Reformen, die den Bauern das Recht geben, das von ihnen bewirtschaftete Land auch zu besitzen.

Befreie uns von dem, der uns in unserer Armut regiert.
Bring uns dein Reich der Gerechtigkeit und Gleichheit.
Lass den Wind um die Blumen in der Schlucht wehen.
Reinige, wie das Feuer, den Lauf meines Gewehrs.
Dein Wille geschehe, endlich, hier auf Erden.
Gib uns deine Kraft und deinen Mut zum Kampf.

Solche Balladen mit politischen Botschaften, verpackt in beschwörende, poetische Metaphern und eindringliche Melodien, werden von unterdrückerischen Regierungen dieser Zeit in der gesamten Region zunehmend als bedrohlich wahrgenommen. Eines von Mercedes' Lieblingsliedern, das in vielerlei Hinsicht ihren eigenen Kampf und ihren Mut zum Widerstand wiederspiegelt, ist „Como la Cigarra" (Wie die Zikade), geschrieben von der argentinischen Dichterin und Kinderbuchautorin María Elena Walsh.

So viele Male haben sie mich getötet,
so viele Male bin ich gestorben.
Trotzdem bin ich wieder hier,
wiederauferstanden.
Danke für das Ungemach,
danke der Hand, die den Dolch hielt.
Es ist ihr nicht gelungen,
und ich singe einfach weiter.
Ich singe zur Sonne,
wie die Zikade
nach einem Jahr unter der Erde,
genau wie ein Überlebender,
der aus dem Krieg zurückgekehrt ist.

Mercedes Sosa und Oscar Matus sind die Schlüsselfiguren der Bewegung des Neuen Liedes in Argentinien. In ihrem Bestreben, sich mit Künstlern und gleichgesinnten Bewegungen in ganz Lateinamerika auszutauschen, treffen sie sich am 11. Februar 1963 mit elf anderen Künstlern und Dichtern in Mendoza. Resultat dieses Treffen ist die formelle Unterzeichnung des Gründungsmanifests der Bewegung des Neuen Liedes (Manifiesto Fundacional del Movimiento del Nueva Canciónero). Die Bewegung legt die Betonung dabei auf die indigene Geschichte und die kulturellen Wurzeln des Kontinents, indem sie in ihrer Musik auch Volksinstrumente wie die Andenflöte, die Quena, Panflöten und die zehnsaitige Charango-Laute einsetzt.[9]

In Argentinien arbeiten Mercedes und Oscar eng mit Armando Tejada Gómez zusammen, einem argentinischen Dichter, der in Mendoza lebt. Gomez schreibt die Lieder, Matus komponiert die Musik und Mercedes Sosa ist die Stimme, die die beiden verbindet. Mercedes schreibt nie ihre eigenen Lieder – ihre Stärke liegt darin, die Lieder anderer zu interpretieren und sie zu ihren eigenen zu machen. „Ich verliebe mich in ein Lied, wie man sich in einen Mann verliebt. Ich liebe, was ich singe."[3] sagt sie. Viele ihrer Lieder übernimmt sie von Víctor Jara und Violeta Parra aus Chile. „*Gracias a la Vida*" von Parra wird dank Mercedes' Interpretation, die so außergewöhnlich überzeugend und persönlich gerät, endgültig zu ihrem Markenzeichen und zu einem der weltweit bekanntesten Lieder der Bewegung. In den Vereinigten Staaten wird es von Joan Baez gesungen, die ihre Popularität auch als Vehikel für sozialen Protest nutzt und zu jener Zeit ihre antiimperialistische Haltung zum Vietnamkrieg zum Ausdruck bringt.

OSCAR MATUS ist ein glühender Kommunist und ein Unterstützer des bewaffneten Kampfes. Mercedes tritt zunächst mit in seine Partei ein, aber sie kann den militanten Ansatz nicht akzeptieren und verlässt die Partei kurze Zeit später wieder. Obwohl ihre Mitgliedschaft in der Kommunistischen Partei nur kurz ist, wird sie daraufhin für den Rest ihres Lebens als Kommunistin abgestempelt und von rechtsgerichteten Politikern als Bedrohung stigmatisiert.

Währenddessen werben Kommunisten damit, dass ihr Name in ihren Mitgliederlisten auftaucht, aber werfen ihr gleichzeitig vor, keine „echte" Kommunistin zu sein, weil sie nicht mit der katholischen Kirche bricht. Doch Mercedes lässt sich in keine Schublade stecken. Sie ist das, was sie in dem Lied *„Como un Pájaro Libre"* (Wie ein Freier Vogel) besingt, ein freier Vogel, der in allem, was er tut, seinem Herzen und seiner Überzeugung folgt.

Ihr Engagement in der Bewegung des Neuen Liedes ist eine ideale Plattform, auf der sie ihre Kunst und ihre Sorge um menschliche Belange verschmelzen kann. Sie ist eine Frau mit einer linken Ideologie, aber sie sieht sich nicht als politische Anführerin und mag es auch nicht, als Protestsängerin abgestempelt zu werden.[10]

„Waren es Protestlieder? Ich habe diese Bezeichnung nie gemocht. Es waren ehrliche Lieder darüber, wie die Dinge wirklich sind. Ich bin eine Frau, die singt, die versucht, so gut wie möglich zu singen, mit den besten Liedern, die es gibt. Man hat mir diese Rolle als große Protestsängerin zugedacht, aber das ist überhaupt nicht so. Ich bin einfach eine denkende Künstlerin. Politik war für mich immer eine idealistische Sache. Ich bin eine Frau der Linken, obwohl ich keiner Partei angehöre und denke, dass Künstler unabhängig von allen politischen Parteien bleiben sollten. Ich glaube an die Menschenrechte. Ungerechtigkeit schmerzt mich, und ich möchte echten Frieden verwirklicht sehen",[11] sagt sie.

Indem sie darauf besteht, Künstlerin und nicht die Anführerin einer Protestbewegung zu sein, macht sie sich einige Feinde bei den Linken, während ihre eigene linke Ideologie sie wiederum zu einem Feindbild der Rechten werden lässt. Es ist ein Dilemma, aber es hält sie nicht davon ab, in ihrer Musik Stellung zu beziehen.

„Manchmal muss ein Lied einen sozialen Inhalt haben. Aber es geht in erster Linie um Ehrlichkeit. In Lateinamerika ist allein die Ehrlichkeit eines Künstlers schon politisch",[12] sagt sie, und setzt sich dafür ein, dass Künstler das gleiche Recht auf eine Ideologie haben wie alle anderen.

ES SIND nicht nur politische Dilemmas, die Mercedes zu überwinden hat. Sie steht auch vor einem moralischen Dilemma: Sie ist zum zweiten Mal schwanger geworden. Mercedes liebt Kinder und will im Grunde mehrere eigene, aber sie hält es für unverantwortlich.[8]

Ihre Karriere beansprucht fast ihre gesamte Zeit und Energie, und sie führt mittlerweile ein turbulentes und unbeständiges Leben, in dem es für ein Kind kein behütetes Aufwachsen geben würde. Schon die Tatsache, dass sie Fabián auf die Welt gebracht hat, ist eine große Herausforderung für sie, und es fällt ihr schwer, ihre hohen Erwartungen an sich selbst und als Mutter mit ihren Ambitionen als Künstlerin in Einklang zu bringen. Der Gedanke an ein zweites Kind überfordert sie. Als sie während der Schwangerschaft erkrankt, entscheidet sie sich für eine Abtreibung, ein Entschluss, der ihr schwerfällt und ihr das Gefühl gibt, ihren Idealen nicht gerecht werden zu können.[8]

Diese Erfahrung vermittelt ihr ein neues Verständnis für junge Mädchen, die gegen ihren Willen schwanger werden. Sie ist nicht gegen die katholische Kirche, aber sie sieht es als Problem an, dass die Kirche junge Erwachsene nicht über Sexualität aufklären will und es verabsäumt, sich mit dem Problem des Missbrauchs von Kindern durch Priester zu befassen. Zu viele Mädchen im jugendlichen Alter sterben, weil sie zu inkompetenten Ärzten gehen, die nicht wissen, wie man den Eingriff sicher und korrekt durchführt. Sie ist der Meinung, dass ein durchschnittliches fünfzehnjähriges Mädchen nicht in der Lage ist, sich um ein Kind zu kümmern, und dass diese Mädchen jemanden brauchen, der sich für sie einsetzt.[8] Sie beginnt sich für Frauenrechte zu engagieren, eine Rolle, die sie lebenslang ausfüllen wird. 1995 wird sie für ihre Arbeit mit dem UNIFEM-Preis der Vereinten Nationen geehrt.[13]

Mercedes bereut ihre Entscheidung für eine Abtreibung nie, aber sie hat dennoch häufig Schuldgefühle deswegen.

FINANZIELLER DRUCK, ein unvorhersagbarer Lebensstil, die Erziehung eines Kindes, Meinungsverschiedenheiten in politischen Fragen und Oscars Eifersucht – die dazu führt, dass er sie immer schlechter behandelt – zwingen Mercedes, sich zu fragen, ob sie ihr Eheversprechen halten und in der Ehe bleiben möchte.[4] Sie ist soweit, dass sie es unbedingt beenden will, steckt aber in einer Zwickmühle. Sie war immer ein „braves Mädchen" gewesen. Vor ihrer Heirat hatte sie keinen Sex, und danach war sie ihrem Mann nie untreu. Gemäß den Normen der Zeit und den traditionellen Werten ihres Umfelds ist sie in der Überzeugung aufgewachsen, dass brave Mädchen sich nicht scheiden lassen.

Dennoch erwägt sie es, und es entpuppt sich als weitere schwere Entscheidung, die ihren eigenen Werten und ihrer grundsätzlichen Loyalität zu Menschen zuwiderläuft. Während sie noch darüber mit sich selbst hadert, erfährt sie, dass Oscar ihr untreu ist und sie wegen einer anderen Frau verlassen will. Auf diese Weise nimmt er ihr die Entscheidung ab, und ihr Gewissen erleichtert sich. Trotzdem fühlt sie sich gedemütigt und kann nur schwer akzeptieren, dass er sie tatsächlich verlässt. Hass ist kein Gefühl, das sie normalerweise hegt, aber Mercedes empfindet für den Rest ihres Lebens Hass auf diese andere Frau. „Ich habe die Ehe nicht beendet. Er hat mich im Stich gelassen. Ein Mädchen aus Tucumána heiratet fürs Leben. Das hat mich zerstört."[4]

Sie ist seit acht Jahren mit Oscar verheiratet, als die dreißigjährige Mercedes endlich einsieht, dass die Ehe in eine Sackgasse führt und in die Trennung einwilligt. Nach der Scheidung fühlt sie sich todunglücklich und einsam. Sie hat nicht einmal eine feste Bleibe und zieht mit dem inzwischen siebenjährigen Fabián von einer kleinen Pension zur nächsten. Schließlich beschließt sie, Fabián zu ihren Eltern nach Tucumán zu schicken. Sie hat zwar ein Einkommen von Auftritten in verschiedenen Etablissements in Buenos Aires, aber sie verdient nicht genug und muss sich von einigen ihrer Freunde Geld leihen, um über die Runden zu kommen. Als es an der Zeit ist, ihren Freunden das Geld zurückzuzahlen, fragt sie einen jeden, wieviel sie schuldig ist. Doch alle erwiderten mit verschiedenen Antwortvarianten von „Welches Geld?". Sie ist zutiefst berührt von der Solidarität ihrer Freunde, von denen fast alle ebenfalls Künstler sind und es auch nicht leicht haben.

Im Jahr 1965 macht Mercedes einen bedeutenden Schritt in ihrer Karriere. Dank der Unterstützung eines sehr populären argentinischen Sängers, Jorge Cafrune, der sie einlädt, auf einem Volksfest in Cosquin zu singen, gelingt ihr der nationale Durchbruch. Zunächst will das Festivalkomitee nicht, dass sie singt, weil es sie als Kommunistin verdächtigt, aber Cafrune besteht darauf. Auf der Bühne stehend, den Arm um Fabián gelegt, den sie so oft wie möglich zu ihren Auftritten mitbringt, bedankt sie sich bei Cafrune und dem Komitee für die Möglichkeit, singen zu dürfen. Das Lied, das ihr den größten Durchbruch verschafft, ist fast prophetisch, sein Text deutet unheilvoll auf das hin, was ihr bevorsteht.

Die Nacht kommt über mich mitten am Nachmittag,
aber ich will mich nicht in Schatten verwandeln,
ich will Licht sein und bleiben.[4]

IM JAHR 1967 nimmt für Mercedes ein neues Leben Gestalt an. Sie wird auf den großen internationalen Bühnen vorgestellt und gibt Konzerte in Miami, Rom, Warschau, Lissabon, dem damaligen Leningrad und vielen anderen Städten. Sie verlobt sich mit Francisco Pocho Mazzitelli, ihrem Manager, mit dem sie sich während ihrer Ehe mit Oscar angefreundet hat. Anfangs ist er nur ein sehr guter, hilfsbereiter Freund, aber aus der Freundschaft wird Liebe.

Er ist entscheidend für die Entwicklung von Mercedes als Musikerin, denn er ist versiert in vielen verschiedenen Genres und führt sie sowohl in die klassische Musik als auch in den Jazz ein. Ihre neue Beziehung hilft Mercedes, nach ihrer Scheidung nicht in Depressivität und Einsamkeit abzugleiten. Francisco, oder Pocho, wie sie ihn nennt, holt sie aus ihren Abgründen heraus, und Mercedes erkennt, dass sie an ihm festhalten muss, um auf festem Boden stehen zu bleiben.[4]

Die beiden heiraten im Jahr 1968. Pocho ist ein paar Jahre älter als Mercedes, und er gibt ihr die Stabilität und die Harmonie, die sie in ihrer Ehe mit Oscar nie erfahren hat. Am Ende bleibt er die Liebe ihres Lebens, ihr wahrer Partner und auch ein Ersatzvater für Fabián. Er steht auch an ihrer Seite und hilft ihr durch ihre Trauer, als ihr Vater im Juni 1972 im Alter von zweiundsechzig Jahren plötzlich an einem Herzinfarkt stirbt.[8]

ALS DIE die Popularität der Bewegung des Neuen Liedes in der Arbeiterschaft zunimmt, wird sie zu einer realen Bedrohung für die herrschenden Diktaturen auf dem ganzen Kontinent. Bald sind viele Künstler zunehmenden politischen Repressalien ausgesetzt - Zensur, Verfolgung, Einschüchterung - und einige werden ins Exil gezwungen. Einer der Führer der Bewegung in Chile, Mercedes' guter Freund Víctor Jara, unterstützt Salvador

Allende bei der Wahl zum Präsidenten. 1970 wird Allende als erstes sozialistisches Staatsoberhaupt in einem demokratisch gewählten lateinamerikanischen Land in sein Amt eingeführt. Als er vor die Massen tritt, um seine Antrittsrede zu halten, hängt hinter ihm ein Transparent mit der Aufschrift: „Eine Revolution ohne Lieder ist nicht möglich."

Víctor Jara nimmt an allen politischen Versammlungen von Allende teil. Er gibt kostenlose Konzerte zur Unterstützung der neuen Regierung und tourt durch die ganze Welt, um dem Publikum den friedlichen Weg Chiles zum Sozialismus zu verdeutlichen. Doch nach einem blutigen Staatsstreich am 11. September 1973 setzen die Militärs unter der Führung des Oberbefehlshabers Augusto Pinochet Allende ab, der bei dem nachfolgenden Angriff auf den Präsidentenpalast unter bis heute ungeklärten Umständen stirbt.

Zur selben Zeit hält sich Jara an der Technischen Universität in Santiago auf, wo er als Lehrer tätig ist. Die Universität liegt nur einige hundert Meter vom Präsidentenpalast entfernt und ist vom Militär umzingelt. Niemand kann das Gebäude verlassen. Víctor ruft seine englische Frau Joan an und trägt ihr auf, mit den beiden Töchtern zuhause zu bleiben, bis die Unruhen vorbei sind. Er sagt ihr, dass er die Nacht mit anderen Lehrern und Studenten in der Universität verbringen und am Morgen nach Hause zurückkehren wird. Sie versichern sich gegenseitig ihrer Liebe, bevor er auflegt. Aber es ist das letzte Mal, dass Joan seine Stimme hört. Am Morgen wird die Universität vom Militär gestürmt und die Lehrer und Studenten zusammen mit Tausenden anderen Allende-Anhängern zum nationalen Fußballstadion, dem Estadio Chile, getrieben.

Dort wird Jara misshandelt. Zuerst verhöhnen sie ihn und zwingen ihn, zu singen und auf seiner Gitarre zu spielen. Dann zertrümmern sie ihm mit einer Axt die Hände, bevor sie ihn mit einem Kopfschuss und mehr als vierzig weiteren Schüssen in Brust, Arme und Beine umbringen. Ein paar Tage später wird seine Leiche in einem Graben außerhalb von Santiago gefunden. Die erschütterte Joan organisiert ein verschwiegenes Begräbnis am Stadtfriedhof von Santiago und flieht außer Landes.[14]

Sie tun es aus Angst. Wie ein Offizier sagt: „Victor Jara kann mit seinen Liedern mehr Schaden anrichten als hundert Maschinenpistolen." Diese Aussage ist ein Beispiel dafür, wie mächtig die Bewegung des Neuen Liedes geworden ist und erklärt, warum die Militärjunta unter Pinochet die Verwendung des Namens und der Musik von Jara in ganz Chile verbietet. Glücklicherweise gelingt es seiner Witwe Joan, den Großteil der Originalmusik ihres Mannes aus dem Land zu schmuggeln, so dass sie vervielfältigt und weltweit verbreitet werden kann.

Sein tragischer Tod macht Víctor Jara zu einem Märtyrer, zu einem Symbol im Kampf gegen Faschismus, Unterdrückung und soziale Ungerechtigkeit in Lateinamerika und in der restlichen Welt.

Als Mercedes die Nachricht von der Ermordung Víctor Jaras erreicht, bricht sie in Tränen aus. Jetzt weiß sie, wie weit ein Regime zu gehen bereit ist, um die Bewegung des Neues Liedes zu stoppen. Gleichzeitig wird ihr bewusst, was für eine mächtige Waffe diese Lieder sind. Sie ist entschlossen, sie weiter zu singen, koste es, was es wolle, solange sie den Menschen Hoffnung geben. Jaras Tod schürt das Feuer, das in ihr brennt, nur noch mehr. Jetzt ist sie mehr denn je bereit, ihren Widerstand gegen die Unterdrücker der Armen fortzusetzen.

Das nächste Album von Mercedes, *Hasta la Victoria* (Bis zum Sieg), enthält Lieder mit sozialen und politischen Botschaften, die ganz klar als Reaktion auf diese schrecklichen Ereignisse zu erkennen sind. Ihre Interpretation von Victor Jaras „Plegaria a un Labrador" ist praktisch eine rote Fahne, die den Rechten ins Gesicht geschwenkt wird. In Chile wird das Lied zensiert. In Argentinien fühlt sich die Regierung unter der Führung von Alejandro Agustín Lanusse durch Mercedes' Lieder gleichfalls provoziert. Aus Angst, sie könnte einen Aufstand anzetteln, verbieten die Behörden die meisten ihrer Lieder, die daraufhin nicht mehr im Radio gespielt werden. Ihre Platten dürfen nicht mehr in Geschäften verkauft werden. Sie darf zwar weiterhin auftreten, wenn sie die verbotenen Lieder aus dem Programm nimmt, aber ihre Freiheit, sich auszudrücken, ist stark eingeschränkt, genauso wie die Möglichkeiten, ihren Lebensunterhalt zu verdienen. „Ich habe immer ehrliche Lieder über Liebe, über Frieden und über Ungerechtigkeit gesungen. Leider fühlen sich manche Leute durch die Wahrheit bedroht",[15] sagt sie.

Der Putsch in Chile ist ein Vorbote dessen, was für Mercedes ein schwerer Schlag sein wird. Argentinien erlebt zu dieser Zeit einen Putsch nach dem anderen, was zu politischem Chaos und stetig wechselnden Regierungen führt. Perón, der 1955 durch einen Militärputsch von Eduardo Lonardi, einem katholischen Nationalisten, gestürzt worden war, schafft es 1973, nach Jahren des Exils in Spanien, wieder ins Amt zu kommen. Dies nährt eine kleine Hoffnung auf Demokratie, aber die Perónistische Partei ist zwischen liberalen und konservativen Fraktionen gespalten, was das Regieren mühsam, wenn nicht gar unmöglich macht. Zudem ist Perón stark von General Franco in Spanien beeinflusst worden, und seine neue Frau Isabel, die er zur Vizepräsidentin gemacht hat, verschreibt sich bevorzugt den Interessen rechter Gruppen. Darüber hinaus beschäftigt sie sich auch mit Okkultismus und pflegt eine enge Beziehung zu dem Wahrsager José López Rega. Sie überredet ihren Mann schließlich, Rega als Privatsekretär einzustellen. López Rega wird mit dem Aufbau einer paramilitärischen Truppe beauftragt, der Argentinischen Antikommunistischen Allianz oder Triple A, wie sie später genannt wird. Triple A wird anfangs mit der Aufgabe betraut, alle linken Elemente innerhalb der Partei aufzuspüren und zu beseitigen.

Peróns letzte Regierungszeit ist kurz, denn er stirbt am 1. Juli 1974 an einem Herzinfarkt. Isabel Perón übernimmt nach dem Tod ihres Mannes die Regierung und wird das erste nichtkönigliche weibliche Staatsoberhaupt der westlichen Hemisphäre. Aber sie hat kaum politische Erfahrung, geschweige denn Ambitionen. Sie ernennt López Rega zum Minister für soziale Angelegenheiten und Wohlfahrt. Er ist extrem faschistisch eingestellt, und unter seinem Einfluss rückt Isabel ganz nach rechts. Sie unterzeichnet ein Dekret, das Triple A einen Freibrief zur Niederschlagung von Guerilla-Aktivitäten und zur „Eliminierung aller Unruhestifter" erteilt. Es wird eine Todesschwadron organisiert, die sich an den Nazi-Kriegsverbrechern orientiert, die Juan Domingo Perón nach dem Zweiten Weltkrieg zu Tausenden nach Argentinien einreisen ließ.[16] 1974 tötet die Schwadron siebzig linke Gegner. Die Zahl steigt schnell an, und 1975 ermorden sie im Schnitt fünfzig Menschen pro Woche.[17]

Während Isabel Peróns Amtszeit als Präsidentin gerät die Wirtschaft des Landes in Bedrängnis. Der Peso fällt um 70 Prozent zum US-Dollar, und das Land erlebt eine verheerende Inflation und eine daraus resultierende Wirtschaftskrise. Gleichzeitig wirft ihr die Opposition vor, enorme Summen aus dem Rettungspaket der Regierung, der Cruzada de Solidaridad (Solidaritätskreuzzug), auf ihre persönlichen Konten in Spanien überwiesen zu haben. Dadurch verliert sie ihre letzten Unterstützer und erklärt im November 1974 den Ausnahmezustand über das Land.

MERCEDES FINDET sich inmitten all dieser Ereignisse wieder, als sie 1974 von der Kommunistischen Partei Kubas nach Havanna eingeladen wird. Der geplante Besuch wird von den argentinischen Machthabern mit Argwohn betrachtet, und einige Tage vor ihrer Abreise erhält sie vor einem Konzert im Teatro Estrella in Buenos Aires einen Brief. Sie öffnet ihn und erstarrt. Ihr Herz klopft. Zitternd liest sie das formelle getippte Schreiben, in dem sie aufgefordert wird, das Land innerhalb von vier Tagen zu verlassen oder die Konsequenzen zu tragen. Es ist von Triple A unterzeichnet.[4] Sie muss einen Auftritt absolvieren, reißt sich zusammen und tut so, als sei alles in Ordnung. Aber innerlich sie ist völlig außer Fassung. Was auch immer sie jetzt tut, sie weiß, dass sich ihr Leben und ihre Karriere für immer verändern werden.

Nach dem Konzert besteht Pocho darauf, dass sie sich beide der Drohung stellen und nicht nachgeben, wie sie es normalerweise tun. Aber das ist leichter gesagt als getan. Als sie entlang der Carlos-Pellegrini-Straße im Stadtzentrum von Buenos Aires nach Hause in Richtung Avenida Córdoba gehen, bemerken sie, dass sie verfolgt werden – ein Erlebnis, das Mercedes nachhaltig in Erinnerung bleibt. „Es war ein Samstagabend. Ich werde es nie vergessen. Als wir da so gegangen sind, habe ich gelernt, was Angst ist", sagt sie.[2]

Sie eilen in ihre Wohnung und ziehen, als sie sicher angekommen sind und die Tür hinter sich verschlossen haben, die Vorhänge im Wohnzimmer vorsichtig beiseite, um auf die Straße hinunter zu spähen. Und tatsächlich sind ihre Verfolger da draußen. Sie stehen auf dem Bürgersteig und schauen zur Wohnung hinauf, während sie Zigaretten rauchen. Mercedes bricht in Schweiß aus. Ihre Hände zittern. Pocho legt seinen Arm um ihre Schultern und versucht, sie zu beruhigen. Er erklärt ihr, dass Triple A ihr nichts anhaben kann, weil es zu viel internationale Aufmerksamkeit auf sich ziehen würde. Aber Mercedes ist überzeugt, dass ihr Name längst auf der Liste der „gefährlichen Kommunisten" von Triple A steht, auch wenn ihre kurze Mitgliedschaft in der Partei schon Jahre her ist. Sie weiß auch, dass ihre Lieder als „verräterisch" eingestuft werden. Doch Mercedes ist fest entschlossen, sich nicht aus Angst und Verzweiflung vom Singen abhalten zu lassen. Irgendwie gewöhnt sie sich daran, dass ihr Triple A auf den Fersen ist. Sie kann damit umgehen, solange ihr ihr Privatleben Halt gibt. Pocho hilft ihr, es durchzustehen.

Mercedes' Verdacht, dass ihr Name auf einer Liste von Erzfeinden des Staates steht, bestätigt sich unmittelbar nach ihrem Tod. Im Jahr 2013 findet der argentinische Verteidigungsminister im Keller des Hauptquartiers der argentinischen Luftwaffe geheime Aufzeichnungen über die Regierungspläne der Militärjunta bis zum Jahr 2000 und gibt sie frei. Die Dokumente sind von den damaligen Generalsekretären unterzeichnet. Sie enthalten eine Liste mit den Namen von 331 Intellektuellen, Journalisten, Künstlern und Musikern, die aufgrund ihrer marxistischen Hintergrundideologie auf eine schwarze Liste von Personen gesetzt wurden, die vom Regime als „höchstgefährlich" eingestuft wurden. Die Dokumente haben rechtliche Bedeutung für die in Argentinien noch laufenden entsprechenden Gerichtsverfahren.[18]

CHAOS UND politische Instabilität ebnen den Weg für einen weiteren Staatsstreich, und das Militär macht sich die Befürchtungen der Bevölkerung vor einer Ausbreitung des Kommunismus, die die Junta selbst eifrig geschürt hat, zunutze. Die Ideologie wird als „innerer Feind" und als Bedrohung der traditionellen argentinischen und westlichen Ideale dargestellt. Das Militär sieht seine Aufgabe nun nicht mehr nur darin, die Außengrenzen des Landes zu schützen, sondern auch die „ideologische Reinheit" der Nation zu bewahren.

Eine Militärjunta unter der Führung von Admiral Emilio Massera, General Orland Ramón Agosti und dem früheren Militärbefehlshaber der argentinischen Armee, Jorge Rafael Videla, stürzt Isabel Peróns Regierung am 24. März 1976. Zwei Tage später ernennt sich Videla selbst zum Präsidenten. Dies ist nicht nur ein weiterer Staatsstreich – es ist der Beginn einer der blutigsten und schändlichsten Epochen in der Geschichte Argentiniens. Videla ist wild entschlossen, alle zu beseitigen, die sich seinem Regime widersetzen. Als er noch Armeekommandant ist, gibt er einmal einem Journalisten auf einer Konferenz in Uruguay ein Interview und sagt, um die nationale Sicherheit zu gewährleisten, müssten alle jene sterben, für die es als nötig erachtet wird. Auf die Frage des Reporters, wen er damit meine, antwortete Videla ohne zu zögern: „Alle, die gegen die argentinische Lebensweise sind."[17]

Die meisten konservativen Medien stellen die Generäle in weiterer Folge in ein positives Licht. Sie werden als Friedensstifter beschrieben, die aufopferungsvoll die Last auf sich genommen haben, Argentinien zu retten und Unruhen und Blutvergießen zu vermeiden. Doch kurz nach ihrem Amtsantritt ersetzt die Junta die bestehende Verfassung durch etwas, was sie El Proceso de Reorganización Nacional (Prozess der nationalen Neuordnung) nennt. Willkürlich geben sich die Militärs selbst alle gerichtlichen, legislativen und exekutiven Befugnisse. Die Generäle ernennen sich selbst zu Beschützern der Traditionen, der Familien und des Eigentums der Nation.

Jeder Kritiker der neuen Regierung wird als Opposition betrachtet, die zum Schutz und Wohle der Nation beseitigt werden muss. Gewerkschaften, politische Parteien und Universitäten unterliegen künftig der Kontrolle durch das Militär. Sowohl die Polizei als auch das Militär erhalten mehr Befugnisse. Die Botschaft ist, dass der Kommunismus um jeden Preis gestoppt werden muss. Im ganzen Land werden 340 geheime Gefangenenlager vom Staat errichtet und finanziert. Spezielle Militäreinheiten werden etabliert und mit Entführungen, Verhören, Folter und Morden beauftragt. Niemand fühlt sich mehr sicher. Menschen werden nachts von schwer bewaffneten Männern in Zivilkleidung aus ihren Wohnungen entführt.

Sie haben es auf Studenten, Journalisten, Lehrer, Künstler und Advokaten abgesehen, aber sie schrecken auch nicht vor schwangeren Frauen, Kindern, Nonnen und Priestern zurück – jede Person ist im Visier, die auch nur den Hauch einer Sympathie für den „Feind" zeigt oder mit ihm in Verbindung gebracht wird. Wie General Ibérico Saint-Jean, Gouverneur von Buenos Aires, 1977 sagt: „Zuerst töten wir alle Subversiven. Dann töten wir ihre Kollaborateure, ihre Sympathisanten, dann diejenigen, die passiv sind, und am Ende werden wir die Furchtsamen töten."[17]

Bewaffnete Kommandotruppen überfallen Häuser und bedrohen ganze Familien, verbinden ihnen die Augen, legen ihnen Handschellen an und bringen sie in Internierungslager, wo sie systematisch physischer und psychischer Folter ausgesetzt sind. Eltern werden gezwungen, die Folterung ihrer Kinder mitanzusehen. Ehepartner werden gezwungen, Zeugen der Vergewaltigung oder Schändung des jeweils anderen zu werden. Die Torturen geschehen oft im Beisein eines Arztes, der dafür verantwortlich ist, die Misshandelten so lange wie möglich bei Bewusstsein zu halten. Wenn ein Opfer stirbt, wird die Leiche rasch entsorgt, um keine Beweise für die Verbrechen zu hinterlassen.

Viele Familien entführter Angehöriger geben keine Vermisstenmeldung ab, weil sie befürchten, die Situation damit noch zu verschlimmern. Wenn es keine Leiche gibt, aber Familienmitglieder jemanden als vermisst melden, riskieren sie, selbst des Verbrechens beschuldigt zu werden. Mittlerweile werden im Rio de la Plata immer mehr namenlose Leichen angeschwemmt. Es stellt sich heraus, dass manche der Folteropfer unter Drogen gesetzt, zu einem Flughafen gebracht, in ein Flugzeug verfrachtet und über dem Ozean abgeworfen werden – lebend.

Die Generäle bezeichnen die Ermordeten als „Verschwundene" und weisen jeden Vorwurf einer Beteiligung zurück. „Die Verschwundenen sind genau das: verschwunden. Sie sind weder lebendig noch tot. Sie sind verschwunden", sagt Videla.

Unter den Vermissten sind viele Kinder, die ihren Eltern weggenommen werden, darunter auch solche, die in den Gefangenenlagern geboren werden. Die Frauen, die sie zur Welt bringen, werden oft gleich nach der Entbindung getötet. Das Regime entführt diese Kinder und gibt sie an hochrangige Offiziere des Militärs zur Adoption weiter oder manchmal auch an nichtsahnende Paare, die über die Herkunft des Kindes nicht informiert werden. Die Generäle vertreten die Meinung, dass es für die Kinder besser sei, in einer „respektablen" Familie aufzuwachsen, anstatt von „Rebellen" großgezogen zu werden. „Rebellische Eltern lehren ihre Kinder, zu rebellieren. Das muss gestoppt werden",[17] sagt General Ramòn Juan Camps, der damalige Polizeichef von Buenos Aires, noch im Jahr 1984, um dieses

Vorgehen im Nachhinein zu rechtfertigen. Das Ergebnis der Maßnahmen ist, dass viele Kinder mit falschen Familien und unter einer falschen Identität aufwachsen und grundlegender Rechte beraubt werden, die international als ihre universellen Menschenrechte anerkannt sind.

Manche Angehörigen der Verschwundenen beginnen, sich auf der Suche nach ihren verschleppten Verwandten zu machen und sich zu organisieren. Azuenca Villaflor, eine Frau in den Fünfzigern, deren Sohn und Schwiegertochter vermisst sind, beginnt, sich mit anderen betroffenen Müttern in ihrer Wohngegend zu treffen, um ihre Verzweiflung in Taten umzuwandeln und herauszufinden, was mit ihren Kindern und Enkelkindern geschehen ist. Im April 1977 schließen sich vierzehn Mütter und Großmütter zusammen, um die Verbrechen des Regimes vor der Weltöffentlichkeit zu enthüllen. Sie beginnen, sich jeden Donnerstag um halb vier Uhr nachmittags auf der Plaza de Mayo vor dem Regierungsgebäude La Casa Rosada (Das Rosa Haus) im Herzen von Buenos Aires zu treffen. Da es verboten ist, sich auf öffentlichen Plätzen zu versammeln, gehen sie schweigend umher, tragen weiße Tücher, die Windeln symbolisieren, und halten Fotos ihrer vermissten Angehörigen in der Hand. Im Oktober 1977 wird die „Vereinigung der Großmütter der Plaza de Mayo" gegründet. Ihr Ziel ist es, etwa 500 vermisste Kinder aufzuspüren und wieder mit ihren Familien zusammenzubringen. Etwa zeitgleich wird auch die Organisation „Mütter der Plaza de Mayo" ins Leben gerufen. Die Frauen erhalten Morddrohungen und werden von der Armee beschimpft und auch tätlich angegriffen, aber es kommt zu keinen ernsthaften Zwischenfällen und niemand wird verletzt oder gar getötet.

Um nicht aufzufallen, treffen sie sich an öffentlichen Orten und geben vor, auf den Bus zu warten oder einen Geburtstag zu feiern, während sie in Wirklichkeit Listen der Vermissten mit Namen und Fotos erstellen. Diese Listen schicken sie an Organisationen innerhalb und außerhalb Argentiniens. Sie sammeln auch Beweise dafür, dass die Kinder noch am Leben sind. Sie schreiben Briefe an den Obersten Gerichtshof, der diese allerdings stets abweist.

Die meisten Richter scheuen sich, Fälle von vermissten Personen zu übernehmen, da auch sie Angst haben, das Regime gegen sie aufzubringen und sich und ihre Familien Repressalien auszusetzen. Jene mutigen Richter, die es dennoch wagen, erhalten unverblümte Morddrohungen.

Am argentinischen Weltkindertag am 5. August 1978 geht eine der größten Zeitungen in Buenos Aires das Risiko ein, einen Leserbrief der Großmütter abzudrucken. Darin appellieren sie an diejenigen, die vermisste Kinder adoptiert haben, sie zurückzugeben. Der Brief erregt sowohl in Argentinien als auch im Ausland erhebliches Aufsehen. In der Folge erhalten die Großmütter einige anonyme Hinweise auf die Kinder. Um ihnen nachzugehen, greifen sie zu Detektivmethoden. Manchmal gehen sie etwa zum Friseur in der Gegend, in der ein vermisstes Kind gesehen wurde, und versuchen mit ortsansässigen Frauen ins Gespräch zu kommen, oder sie bewerben sich als Haushaltshilfen bei Familien, über die entsprechende Hinweise eingegangen sind. Im März 1980 gelingt es ihnen zum ersten Mal, zwei Schwestern zu identifizieren, die bei einer Familie in Chile gefunden werden. Die Familie hat keine Kenntnis von der Vorgeschichte der Adoption.

Nachdem die Großmütter die beiden Schwestern gefunden haben, stehen sie vor einem weiteren Problem: Sie können dem zuständigen Richter nicht beweisen, dass es sich bei den Kindern tatsächlich um vermisste Verwandte handelt. Fotos und Haarlocken reichen nicht aus, weil die argentinischen Gerichte nicht bereit sind, genetische Tests durchzuführen. So sind die Großmütter gezwungen, sich an internationale Experten zu wenden, um zu den nötigen Beweisen zu kommen.

Die meisten der Großmütter sind katholisch und hoffen auf die Unterstützung der Kirche, werden aber von den regimetreuen Bischöfen im Stich gelassen. Selbst Papst Paul VI. antwortet nicht auf den Brief, den sie 1978 an ihn schreiben. Also ändern sie ihre Taktik und beschließen, sich international mehr Gehör zu verschaffen. Sie schreiben an die 150 Briefe an Botschaften, Zeitungen, Organisationen und Politiker in aller Welt. In der Öffentlichkeit werden sie mittlerweile „Las Locas de Plaza de Mayo" (Die Verrückten von der Plaza de Mayo) genannt, aber da sie immer mehr internationale Aufmerksamkeit auf sich ziehen, werden sie dem Regime ein Dorn im Auge, insbesondere als sie 1980 gemeinsam für den Friedensnobelpreis nominiert werden.[17]

ZU BEGINN des Jahres 1978 erhält Mercedes eine erschütternde Nachricht über ihren guten alten Freund Jorge Cafrune, der sie 1965 mit dem Musikfestival in Cosquin bekannt gemacht hat. Er ist nach einem mehrjährigen Aufenthalt in Spanien nach Argentinien zurückgekehrt und gibt im ganzen Land Konzerte. Die Regierung hat ihm verboten, das umstrittene Lied „*Zamba de Mi Esperanza*" (Zamba über Meine Hoffnung) zu singen, das er zunächst aus seinem Repertoire streicht, aber er gibt auch diese fatale Erklärung ab: „Wenn mein Volk mich bittet, es zu singen, werde ich es tun." Am 31. Januar wird er von einem Lieferwagen überfahren, der von zwei neunzehnjährigen Burschen gesteuert wird. Zwölf Stunden später stirbt er an seinen Verletzungen. Später stellt sich heraus, dass Oberstleutnant Carlos Enrique Villanueva, damals Mitglied der Leitung des Konzentrationslager La Perla in der Provinz Córdoba, seine Ermordung anordnete.

Zwei Wochen erreicht Mercedes eine noch traumatischere Nachricht, die ihr Leben für immer verändern soll. Es betrifft Pocho. Ihre Beziehung zu ihm ist das Beste, was ihr je passiert ist. Mittlerweile sind sie seit zehn Jahren zusammen. Es waren zehn erfüllte Jahre, in denen sie gemeinsam an ihrer Musik gearbeitet und viele verschiedene Länder bereist haben. Mercedes hat in ihrem Leben noch nie so viel Liebe erfahren. Mit ihm an ihrer Seite fühlt sie sich stabil, stark und widerstandsfähig inmitten all der politischen Turbulenzen.

Aber eine prophetische Zeile aus dem Lied, mit dem sie damals ihren Durchbruch in Cosquin hat, *Die Nacht kommt über mich mitten am Nachmittag*, ist dabei, sich zu erfüllen.

EINES TAGES kommt Pocho früh von der Arbeit nach Hause und geht direkt ins Bett, weil er enorme Kopfschmerzen hat. Schmerztabletten helfen nicht. Es wird nur noch schlimmer, und bald wird er ins Krankenhaus eingeliefert. Die Untersuchungen ergeben, dass er einen Hirntumor hat. Die Chirurgen können nichts mehr tun, es ist zu spät. Alles geht sehr schnell. Er stirbt am 22. Februar 1978, nach nur einer Woche im Krankenhaus.

Mercedes tut sich schwer, die Nachricht der Ärzte zu verarbeiten und steht unter Schock. Pocho bedeutete alles für sie. Warum er? Warum so plötzlich? Sie hatten kaum Zeit, sich zu verabschieden. Mercedes ist erst dreiundvierzig Jahre alt und jetzt Witwe. Sie hat ihren besten Freund, ihren Mann und ihren Manager verloren. Wenn es nicht um ihren Sohn Fabián ginge, würde sie auch sterben wollen. Aber Fabián ist jetzt erwachsen und unterstützt sie in dieser schweren Zeit sehr. Er sorgt dafür, dass sie immer noch viele Engagements hat, in der Hoffnung, dass sie das von ihrem Verlust ablenkt und sie diese dunklen Momente überwindet.

KURZ NACH Pochos Tod wird Mercedes eingeladen, ein Benefizkonzert für Veterinärstudenten im argentinischen Ferienort La Plata südlich von Buenos Aires zu geben. Mercedes mag die Studenten und ihre rebellische Art, das System herauszufordern. Sie sieht in ihnen die Zukunft und die Hoffnung Argentiniens und freut sich, sie unterstützen zu können.

Die Universität in La Plata ist die linke Hochburg des Landes und steht unter ständiger Überwachung durch das Regime, was Mercedes aber nicht abhält, dort aufzutreten. Sie trägt einen wunderschönen Poncho in Himmelblau und Weiß, den Farben der argentinischen Flagge, als sie unter Applaus die Bühne betritt. Das Konzert verläuft gut, und Mercedes ist ganz von der Atmosphäre erfasst. Studenten aus dem Publikum bitten sie, „*Cuando Tenga la Tierra*" (Wenn das Land Mir Gehört) zu singen, in dem es um eine Agrarreform zugunsten der Bauern geht, die keine Pacht mehr an die Großgrundbesitzer zahlen wollen, um das von ihnen bewirtschaftete Land selbst nutzen zu können. Das Lied ist vom Regime verboten worden, aber Mercedes beschließt, es ihrem Publikum darzubieten. Als sie zu Singen ansetzt, stürmen plötzlich schwer bewaffnete Polizei- und Militärkräfte in den Konzertsaal. Scharfschützen positionieren sich und richten ihre Gewehre auf die Musiker und auf das Publikum. Ein junger Polizist springt auf die Bühne und beginnt, Mercedes am ganzen Körper zu durchsuchen und sie dabei zu demütigen. Bei der Leibesvisitation berührt er ihre Brüste, dann legt er ihr Handschellen an und verhaftet sie vor den Augen des Publikums. Doch als er damit fertig ist, nimmt er ihre Hand, küsst sie verstohlen und flüstert: „Verzeihen Sie mir, Doña Mercedes, aber es wurde mir aufgetragen."[11]

Fabián ist auf die Bühne gesprungen, um seiner Mutter zu helfen, aber er kann nichts mehr tun, denn auch er wird verhaftet. Bevor Mercedes begreift, was passiert, werden sie und ihre Band zusammen mit dem gesamten Publikum, 350 Studenten, festgenommen. Über dieses Erlebnis, das ihr Leben und ihre Karriere wieder einmal auf den Kopf stellt, wird sie später sagen: „Ich weiß noch, wie sie mich vor allen meinen Zuhörern verhaftet haben. An dieser Universität habe ich für Studenten gesungen, die Tierärzte werden wollten. Es war das letzte Jahr ihres Studiums. Das hatte nichts mit Politik zu tun. Ich war nicht verängstigt. Man kann nicht singen, wenn man voller Angst ist. Aber ich fühlte mich gedemütigt und machtlos. Man kann nicht mit einer Waffe in der Hand singen, und ich stehe nicht da oben, um jemanden umzubringen. Ich würde lieber selbst getötet werden, als dass ich jemanden erschießen muss. Ich sehe ein, dass ich damals wahrscheinlich ein bisschen naiv war. Ich behaupte nicht, dass ich mit meiner Einstellung eine Heilige war. Solche Konzerte abzuhalten, war für uns ein Weg, die Auswüchse der Diktatur einzudämmen. Aber ich weiß nicht, warum ich glaubte, einen solchen Kampf in einem Land gewinnen zu können, in dem schon so viele Menschen umgebracht worden sind. Und doch habe ich es versucht. Wenn Pocho noch leben würde, hätte er mir auf keinen Fall erlaubt, dieses Konzert zu geben."[11]

Mercedes wird zunächst wegen zivilen Ungehorsams angeklagt. Sie wird inhaftiert und bekommt vom Militär einschüchternde Fragen gestellt, wird bedroht und gezwungen, ihre eigenen Lieder anzuhören. Sie verbringt achtzehn Stunden im Gefängnis und wird erst auf internationalen Druck hin gegen eine Kaution von eintausend Dollar freigelassen. Nach ihrer Haftentlassung gibt sie weiterhin Konzerte, und die Karten sind schnell ausverkauft, obwohl den Zusehern bewusst ist, dass sie sich in Gefahr begeben. Manche Konzerte erhalten anonyme Bombendrohungen und müssen abgesagt werden, aber Mercedes will ihr Land nicht mehr verlassen.

„Ich kann nirgendwo anders auf der Welt leben als hier, und wem meine Lieder nicht gefallen, soll selber gehen", sagt sie.[4] Doch schließlich verbietet ihr der Militärgouverneur von Buenos Aires alle weiteren Auftritte, und Mercedes wird klar, dass sie ihre Karriere in Argentinien nicht fortsetzen kann. Wenn sie überleben und weiter singen will, muss sie das Land verlassen. Sie beschließt, einen Brief an ihren guten Freund José in Paris zu schreiben, der sie immer gedrängt hat, nach Frankreich kommen:

Lieber José,
Mit großer Rührung habe ich deinen Brief vom 30. Oktober 1978 erhalten. Was mir widerfahren ist, war einfach furchtbar. Was für eine Schande. Nach 18 Stunden wurde ich mit meinem Sohn Fabián entlassen. Ich werde im Februar nach Paris kommen. Ich muss durchatmen und all diese Anfeindungen hinter mich lassen, denn am Ende würden sie mir sehr schaden. Ich werde so lange wie möglich bleiben. Sie treiben mich hier in die Enge. Ich bin gerade aus dem Theater zurückgekommen. Einige Leute haben mich bekräftigt, andere gesagt: „Diese Närrin, warum bleibt sie hier?" Als ob es so einfach wäre, die eigenen Leute im Stich zu lassen. Die Umarmungen sind das, was ich am meisten vermissen werde.[4]
Deine Mercedes.

Theoretisch kann Mercedes immer noch frei in Argentinien ein- und ausreisen, da sie nicht angeklagt wird, aber sie darf nicht mehr singen, was für sie eine noch größere Strafe bedeutet. Verfolgt und nunmehr außerstande, ihren Lebensunterhalt zu verdienen, sieht sie das selbst auferlegte Exil als einzige Lösung an und beschließt, nach Frankreich zu gehen. Das scheint auch die letzte Möglichkeit zu sein, den dunklen Kräften zu entfliehen, die sich ihrer zu bemächtigen drohen. Seit dem Tod von Pocho hat sie Selbstmordgedanken. Das Exil ist nicht nur eine Flucht vor politischer Verfolgung, sondern auch eine Flucht vor ihren eigenen Dämonen. Vielleicht kann sie Frieden finden vor dem Kummer, der sie zermürbt, wenn sie nicht singen kann.

Verfolgt und außerstande, ihren Lebensunterhalt zu verdienen, sieht Mercedes im selbstgewählten Exil die einzige Möglichkeit, den dunklen Mächten zu entfliehen, die sie immer mehr bedrängen.

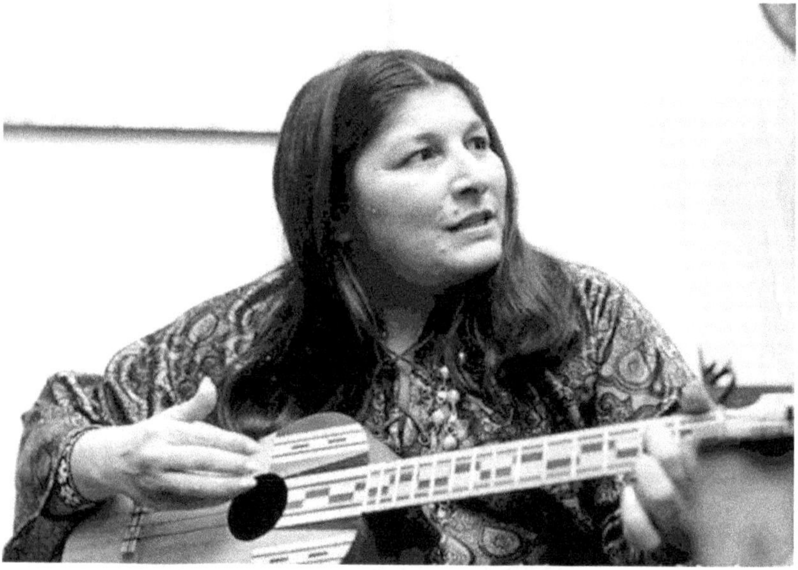

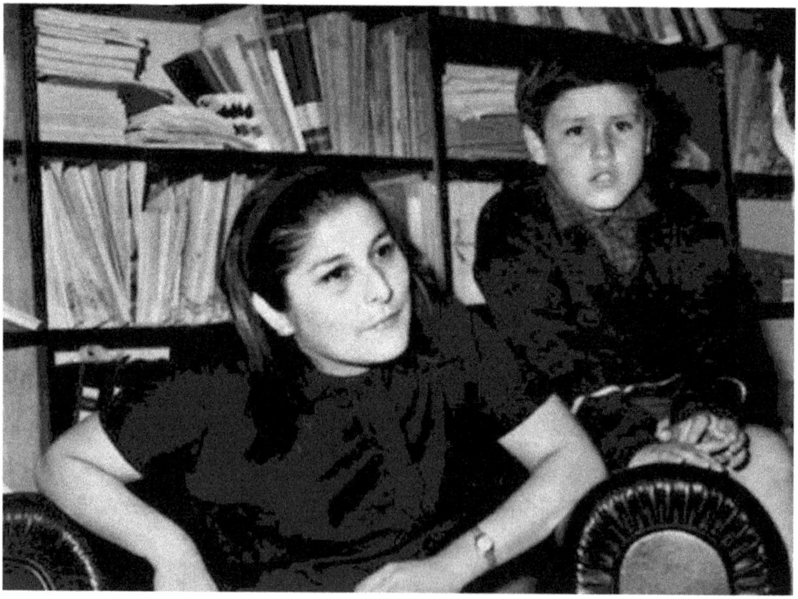

Oben: Der chilenische Sänger Víctor Jara, der während der Militärdiktatur unter General Augusto Pinochet gefoltert und ermordet wurde. Es dauerte neununddreißig Jahre, bis acht Offiziere für seine Ermordung verurteilt wurden. Im Jahr 2003 wurde das Chile-Stadion in Santiago in Víctor-Jara-Stadion umbenannt.

Oben links: Mercedes Sosa während der Vorbereitung zu einer ihrer Konzerte

Unten links: Mercedes mit Fabián, umgeben von ihren geliebten Büchern. Mercedes war eine intellektuelle Künstlerin, die ihren Kopf benutzte, wenn sie zu singen begann. Es war ihr wichtig, gute Bücher zu lesen, gute Filme zu sehen und sich von Kunst inspirieren zu lassen.

Die ehemalige argentinische Präsidentin Isabel Peron neben ihrem Minister für Soziales, Jose López Rega, in Buenos Aires in 1975. Im Jahr 1986 wurde López Rega in den Vereinigten Staaten verhaftet und an Argentinien ausgeliefert, wo er der Korruption, der Verschwörung und des Mordes beschuldigt wurde. Er starb am 9. Juni 1989 in einem Gefängnis in Buenos Aires an Diabetes, während er noch auf seinen Prozess wartete. Isabel Perón entkam nach Spanien, und die spanische Regierung weigert sich bis heute, sie an Argentinien auszuliefern.

Mercedes spielt die traditionelle argentinische Trommel La Bombo.

Im Exil

MERCEDES REIST am 2. Februar 1979 mit nur ein paar Koffern voller persönlicher Habseligkeiten nach Europa. Fabián kommt mit ihr, um bei der Eingewöhnung zu helfen. Zunächst fliegen sie nach Paris, wo sie sich mit ihrem französischen Manager Pierre Fatón trifft, aber sie stellt bald fest, wie schwierig es ist, sich ohne Französischkenntnisse zurechtzufinden. Das behagt ihr nicht, und sie beschließt, dass es für sie einfacher wäre, sich in Spanien niederzulassen, wo sie bereits mehrere Einladungen zu Auftritten angenommen hat. So fährt sie mit Fabián nach Madrid, wo sie mit dem Geld, das sie auf einer Marathontournee von achtzig Konzerten in Brasilien verdient hat, ein Haus mit fünf Schlafzimmern kauft. Sie will eine eigene Bleibe, um sich wohler und heimischer zu fühlen. Doch als Fabián nach Argentinien zurückkehrt und Mercedes in ihrem großen Haus auf sich allein gestellt ist, merkt sie, wie schwierig es ist, auf einem fremden Kontinent ohne enge Verwandte zu sein, an die sie sich wenden kann.

Die wichtigsten Menschen in ihrem Leben bestanden früher aus ihrer Familie. Ohne sie spürt sie eine Einsamkeit, wie sie sie noch nie erlebt hat. „Das Exil ist eine Strafe, die schlimmste Art von Strafe. Mein Sohn hatte mir geholfen, über Frankreich nach Madrid zu gelangen, und mich dabei unterstützt, ein Haus zu kaufen. Ab dem Tag, an dem er nach Argentinien zurückreiste, war ich auf mich allein gestellt, ganz allein. Das ist die schlimmste Art von Einsamkeit, die man sich vorstellen kann. Ich habe die Einsamkeit am eigenen Leib erfahren",[2] sagt sie. Später fügt sie hinzu: „Im Exil hat man Angst vor allem. Es ist eine ständige Angst. Die Griechen sagten immer, die größte Strafe für einen Menschen sei das Exil. Man muss neue Gewohnheiten lernen, neue Speisen essen, auf Briefe warten, die nicht kommen, und an sich selbst festhalten, um nicht verrückt zu werden."[19]

In Madrid ist sie die meiste Zeit von Menschen umgeben. Trotzdem hat sie das Gefühl innerer Leere, vor allem, wenn sie nachts nach Hause zurückkehrt und ihr großes Haus menschenleer vorfindet. Dann holt sie die Whiskyflasche aus dem Regal in ihrem Wohnzimmer und beginnt zu trinken. Nach etwa sieben Gläsern fühlt sie sich besser, aber die Entspannung ist nur von kurzer Dauer. Sie fährt ein paar Monate damit fort, bis sie sich letztlich die schädlichen Auswirkungen eingesteht und beschließt, mit dieser Angewohnheit aufzuhören.

Danach rührt sie nie wieder Whisky an. Für den Rest ihres Lebens trinkt sie nur noch gelegentlich ein Glas Wein, und das auch nur, wenn sie auswärts isst. Sie versucht auch, Haschisch zu rauchen. Beim ersten Mal passiert es aus Versehen, weil sie erst hinterher erkennt, was ihr angeboten wurde. Es gefällt ihr und sie probiert es ein zweites Mal, aber sie hört damit auf in der Befürchtung, davon abhängig zu werden.[2]

„Sucht ist schlimmer als Gefängnis", sagt sie später. „Ich werde traurig, wenn ich sehe, wie Menschen durch Drogen ruiniert werden." Es muss einen besseren Weg geben, mit der Einsamkeit umzugehen, als Alkohol oder Drogen zu nehmen, denkt sie und vertraut sich ihrem guten Freund Dr. Juan-David Nasio an, einem französischen Psychiater. Er erklärt ihr, dass Einsamkeit oft mit wachsender Popularität zunimmt, weil eine prominente Person, die von vielen angehimmelt wird, private Probleme nicht mit der Öffentlichkeit teilen kann.[4]

Mercedes sehnt sich nach der Verbundenheit mit Menschen. Doch sie gibt nie vor, jemand zu sein, der sie nicht ist, und sie erkennt an, dass die Einsamkeit sie wahrscheinlich ihr ganzes restliches Leben begleiten wird. Sie muss einen Weg finden, damit umzugehen. Sie muss sich mit der Einsamkeit anfreunden, auch wenn das nicht von heute auf morgen geschieht. Aber etwas anderes passiert.

EINES MORGENS wacht sie auf und stellt fest, dass ihre Stimme nahezu weg ist – sie kann kaum noch flüstern. Sie hat keine Erkältung und sie befürchtet, dass es etwas Ernstes ist. Sie eilt zu einem Spezialisten, der sie gründlich untersucht. Er meint, es handle sich um ein seltenes Phänomen und er kann die genaue Ursache nicht feststellen, vermutet aber, dass der Stress, dem sie ausgesetzt war, ihre Magensäure ansteigen ließ, was sich wiederum auf ihre Stimmbänder auswirkte.[20] Er rät ihr, Säureblocker zu nehmen, damit die Magensäure ihre Stimmbänder nicht mehr angreifen kann. Außerdem empfiehlt er ihr, ihre Stimme nicht mehr so stark zu beanspruchen.

Sie kann nur abwarten und hoffen, dass sie sich erholt. Sie sagt ihre Termine ab, was ihr viel Zeit zum Grübeln lässt. Wenn es sich nicht um ein körperliches Problem handelt, was ist es dann? Kann es sich um ein somatisches Leiden handeln? Reagiert ihre Stimme auf den Schmerz, dass man ihr in Argentinien ihre Kraft genommen hat? Jetzt, da sie gezwungen ist, etwas kürzer zu treten, achtet sie mehr auf ihre innere Stimme. Sie erkennt, dass sie diese Beschwerden bekommt, weil sie es verdrängt, sich mit ihren schmerzhaften Erinnerungen auseinanderzusetzen. Diese Verdrängung ist ein Abwehrmechanismus, mit dem sie dagegen ankämpft, sich dem Schmerz zu stellen.

„Es war ein mentales Problem, und auch ein moralisches. Es war nicht mein Hals oder etwas Körperliches. Wenn man ins Exil geht, nimmt man seinen Koffer mit, aber da sind Dinge, die nicht hineinpassen. Es gibt Dinge, die man im Kopf hat, wie Farben und Gerüche und Kindheitserinnerungen, und es gibt auch den Schmerz und den Tod, den man gesehen hat. Man sollte diese Dinge nicht verdrängen, denn sie können einen krank machen",[11] sagt sie später.

In einem Interview für die Aufnahmen ihres Albums *Cantora* im Jahr 2009 erwähnt sie, dass ihr Privatarzt ihr Jahre später erklärte, sie habe an einer „larvierten Depression"[3] gelitten, ein medizinischer Terminus, der beschreibt, dass die körperlichen Symptome einer Depression vorhanden sind, nicht aber die psychischen.

IM EXIL leidet sie weiter an Lampenfieber. Auch wenn sie nicht mehr so steif wie ein Totempfahl vor ihrem Publikum steht wie in ihrer frühen Karriere, singt sie lieber mit geschlossenen

Augen, um mit der Bühnenscheu fertig zu werden. „Meine Schüchternheit ist so stark, dass sie wirklich Magenschmerzen verursacht, weil ich auf der Bühne stehen und so tun muss, als hätte ich Selbstvertrauen, was nicht der Fall ist",[4] verrät sie.

In Europa tritt sie die meiste Zeit vor einem nicht spanischsprachigen Publikum auf. Um dessen Aufmerksamkeit zu gewinnen und beizubehalten, muss sie mit den Zuschauern interagieren und Blickkontakt herstellen. Das führt dazu, dass sie ihren Vortragsstil ändert. Anstatt sich von ihrer Scheu weiterhin einschränken zu lassen, überwindet sie sich und übt sich darin, ihr Publikum beim Singen direkt anzuschauen und ihre Unsicherheit ein für alle Mal zu überwinden. Und mit Erfolg. Sie beginnt, mit ihren Zuschauern zu interagieren, anstatt sie auszugrenzen, was sie zu einer noch viel aussagekräftigeren Künstlerin macht. Ihre Zeit in Europa gibt ihr auch die Möglichkeit, ihren musikalischen Horizont zu erweitern und ihre Karriere auszubauen. 1988 sagt sie in einem Interview mit dem US-amerikanischen Journalisten Larry Rohter von der *New York Times*, dass das Exil rückblickend ein Meilenstein für ihre Karriere war. „Indem es mich von meinem Heimatland distanzierte und mich aus meinen Wurzeln riss, war ich gezwungen, mein Repertoire internationaler werden zu lassen. Vorher war ich immer an unsere gewohnten Rhythmen, Gesangsstile und Lieder gebunden. Ich wäre nicht in der Lage, die Dinge zu tun, die ich jetzt tue, nämlich Aufnahmen mit Jazzgruppen und Orchestern, wenn ich mir nicht einen Weg außerhalb Argentiniens gebahnt hätte. So bitter die Erfahrung des Exils auch war, sie hat mich als Künstlerin wachsen und reifen lassen, weil sie mir neue Horizonte eröffnet hat."[11]

Die Einladungen treffen nunmehr aus ganz Europa ein, und das Publikum ist fasziniert von der kleinen Frau mit der markanten Stimme und dem einnehmenden Wesen. Bei ihren Auftritten trägt sie oft ihren schwarz-roten Poncho, um ihre Verbundenheit mit ihren indianischen Wurzeln herauszustreichen. Sie bringt ihre große traditionelle argentinische Trommel La Bombo mit, die aus Holz und Schafsfell gefertigt ist und auf der sie voller Energie spielt. Sie benutzt die Bombo gerne, weil sie den wummernden Klang eines Herzschlags vermittelt, ein grundlegendes Element ihrer Musik.

„*Gracias a la Vida*" und „*Sólo le Pido a Dios*" (Ich bitte nur eines von Gott) sind ständiger Bestandteil ihres Programms während der Aufführungen im Exil, und jedes Mal, wenn sie diese Lieder singt, erhält sie den größten Beifall. Letzteres ist eine Welthymne für den Frieden, die 1978 vom argentinischen Liedermacher León Gieco verfasst wurde. Mercedes möchte, dass León sieht, welchen Eindruck sein Lied auf die Menschen macht, und beschließt, ihn anzurufen. León erinnert sich, dass sie sagt: „Hallo, mein Lieber. Ich bin in Frankfurt. Steig morgen ins Flugzeug und komm hierher."[3]

León schafft es, bei ihrem nächsten Konzert dabei zu sein. Mercedes holt ihn auf die Bühne, und er fängt an, sie mit seiner Gitarre und seiner Mundharmonika zu begleiten und mitzusingen. Das Publikum ist begeistert. In Leóns Gesellschaft fühlt sich Mercedes für einen kurzen Moment nicht einsam.

IM JAHR 1979 erreicht ihre Karriere einen weiteren Höhepunkt. Sie nimmt an der ersten Benefizkonzert-Veranstaltung im Rahmen von Amnesty International in London teil und erhält auch eine Einladung für einen Auftritt in der Royal Festival Hall. Zwanzig Jahre später wird sie auf der gleichen Bühne stehen, während der chilenische Diktator General Augusto Pinochet in London unter Hausarrest steht und ihm für seine Verbrechen am chilenischen Volk der Prozess gemacht wird. Einer der emotionalsten Momente in Mercedes' Leben findet im Oktober 1999 auf dieser Bühne statt, als sie mit tränenerstickter Stimme dem Publikum zuruft: „Ich kann nicht glauben, dass ich in London bin und diese Lieder singe, während Pinochet in dieser Stadt unter Hausarrest steht."[21] Dann singt sie ihre bisher emotionalste Version von „*Todo Cambia.*"

Während der drei Jahre, die sie im Exil verbringt, ist Mercedes auch häufig außerhalb Europas unterwegs und wird bald zu einer der angesehensten internationalen Sängerinnen ihrer Zeit. Sie erhält Einladungen aus Ländern wie Israel, Kanada, Kolumbien und Brasilien. Sowohl Kolumbien als auch Brasilien bieten ihr sogar die Staatsbürgerschaft an, aber ihre Liebe zu Argentinien hält sie davon ab, sie anzunehmen.

Jedes Mal, wenn sie auf einem Flughafen ein Flugzeug der Fluggesellschaft Aerolineas Argentinas sieht, muss sie den Blick abwenden, um ihre Tränen zurückzuhalten.[7] Die Erinnerung an die Heimat lässt sie „wie einen Vulkan bluten", wie es in einer Metapher im Lied „*País*" (Das Land) heißt.

Die Sehnsucht nach ihrer Heimat wird während des Exils immer stärker. Über das Lied „*Serenata Para la Tierra de Uno*" (Serenade für das Heimatland), geschrieben von María Elena

Walsh, sagt Mercedes: „Dieses Lied hat mich tief bewegt, weil es den Schmerz, weit weg von zu Hause zu sein, in Worte fasst. Ich musste mein Land verlassen. Aber je weiter man von zu Hause weg ist, desto näher ist es dem Herzen."[22]

Konsequent nutzt sie ihre neue europäische Plattform, ihre Konzerte und alle damit verbundenen Interviews, um auf Menschenrechtsverletzungen in vielen Teilen Lateinamerikas aufmerksam zu machen. Ihr Kampf gegen Tyrannei und Unterdrückung ist noch lange nicht vorbei.

Nach drei Jahren im Exil wird sie zunehmend verbittert über die Trennung von ihrem Heimatland und beschließt schließlich, nach Argentinien zurückzukehren, auch wenn das Regime dort noch immer an der Macht ist und sie keinerlei Garantie hat, dass man sie einreisen lässt. Ihr Herz pocht und ihre Augen brennen vom Zurückhalten der Tränen, als sie im Februar 1982 das Flugzeug nach Buenos Aires besteigt. Aber sie gibt die Hoffnung nicht auf und freut sich darauf, ihre Familie und Freunde wiederzusehen. Als das Flugzeug schließlich abhebt, lässt sie den Tränen still freien Lauf, nach all den Jahren ihres unterdrückten Heimwehs.

Mercedes kommt auf der langen Reise kaum zum Schlafen. Die Gedanken kreisen in ihrem Kopf, sie lässt die Eindrücke aus den letzten drei Jahren Revue passieren. Sie erinnert sich an die vielen Flughäfen, auf denen sie während ihrer Tourneen war. Sie denkt an die neuen Freundschaften, die sie schloss, und wie all die unerwarteten Veränderungen in ihrem Leben sie voranbrachten, aber auch alles von ihr abverlangten. Sie hat sich weiterentwickelt, nicht nur als beliebte Künstlerin, sondern auch als Mensch.

Erleichtert gesteht sie sich ein, dass das Exil, so hart es auch gewesen sein mag, sich im Nachhinein als Segen entpuppt. Dieser Gedanke beruhigt sie für eine Weile, aber als das Flugzeug zur Landung ansetzt, beginnt sie sich Sorgen zu machen, was passieren wird, wenn sie aussteigt. Wohin soll sie gehen, wenn man sie nicht ins Land lässt? Und ihre Landsleute – werden sie sich noch an sie erinnern? Ihre Musik ist während ihrer Abwesenheit verboten geblieben.

Sie fühlt sich wieder wie zu Hause, als sie nach der Landung aus dem Flugzeug steigt und die warme Sommerluft auf ihrer Gesichtshaut spürt. Langsam geht sie auf die Passkontrolle zu. Der Polizist am Schalter erkennt sie sofort und nimmt sich Zeit, um ihren Pass mit all seinen europäischen Stempeln durchzusehen. Mit arroganter Miene teilt er ihr mit, dass sie nicht einreisen darf. Da sie so nah an ihrem Ziel ist, beschließt Mercedes, Protest einzulegen. Sie nimmt all ihre Würde und Autorität zusammen, die sie aufbringen kann, und antwortet: „Ich bin eine Bürgerin dieses Landes und habe das Recht, einzureisen."[3] Der Beamte, anscheinend von ihrem Selbstvertrauen überrascht, gibt ihr letztlich einen Stempel in den Pass und lässt sie passieren.

Mercedes ist klar, dass es nicht lange dauern wird, bis die Nachricht von ihrer Ankunft die Behörden erreicht und sie wieder überwacht wird. Aber alles, woran sie jetzt denken kann, ist, endlich die Ankunftshalle zu betreten. Sie hat keinen sehnlicheren Wunsch, als ihre Familie wiederzusehen. Als sie schließlich aus dem Flughafenterminal heraustritt, erlebt Mercedes die Überraschung ihres Lebens. Eine Menschenmenge hat sich entlang der Straße versammelt und schwenkt Transparente mit der Aufschrift „Willkommen zurück in deiner Heimat, geliebte Negra."[23]

Im Taxi fährt sie langsam die Straße entlang, gefolgt von einer Gruppe von Reitern in Gaucho-Kleidung, der traditionellen Aufmachung der argentinischen Kuhhirten. Als die Prozession das Stadtzentrum von Buenos Aires erreicht, drängen sich noch mehr Menschen um den Wagen, so dass er kaum noch manövrieren kann. Mercedes lächelt erleichtert und winkt den Menschen durch das geschlossene Autofenster zu, während Fotografen mit langen Objektiven den Moment festhalten. Alle Sorgen, ob sich noch jemand an sie erinnern würde, sind verflogen. Ihr Volk heißt sie als Nationalheldin willkommen.

Mercedes weiß, dass ein solcher Empfang mit einer enormen Verantwortung verbunden ist. Sie darf ihr Volk nicht enttäuschen, es braucht sie noch. Das Militär ist immer noch an der Macht; der Staatsterrorismus ist noch nicht vorbei. Der Griff der Generäle mag sich lockern, aber sie haben immer noch die Kontrolle. Mercedes' Stimme, die aus der Versenkung auftaucht, muss jetzt lauter denn je sein.

„Mich rauszuwerfen war ein großer Fehler, weil sie eine bekannte Künstlerin auf die Welt losgelassen haben, und in Europa war die Presse bereits sehr kritisch gegenüber der Junta. Der nächste Fehler war, mich zurückkommen zu lassen, während sie noch an der Macht waren. So waren sie nun einmal, überheblich. Die Rückkehr bot mir die Möglichkeit, wieder Stärke zu schöpfen und mich selbstbewusster zu fühlen."[4]

Sie ist in den Köpfen der Menschen zu einem Symbol der Demokratie geworden, und ihre Lieder sind nun überzeugender und kraftvoller als je zuvor. Mercedes will sich mit ihrer Musik weiter für die einzusetzen, die Armut und Ungerechtigkeit ausgesetzt sind, zu einer „Stimme der Sprachlosen" werden. Sie will sich nie wieder von Angst oder Einschüchterung zum Schweigen bringen lassen.

Wenn der Sänger verstummt, endet das Leben.
Denn das Leben selbst ist ein Lied.
Wenn der Sänger durch Angst zum Schweigen gebracht wird,
sterben alle Hoffnung, alles Licht und alle Freude.
„Si Se Calla El Cantor"
(Wenn Der Sänger Verstummt) von Horacio Guarany

Mercedes und León Gieco bei einer Pressekonferenz. Auch León Gieco war während der Diktatur aus Argentinien geflohen, nachdem er Todesdrohungen erhalten hatte, als er auf einer Demonstration gegen die Schließung der Universität von Buenos Aires seine Lieder vorgetragen hatte. Er lebte im Exil in Kalifornien als Mercedes ihn bat, zu ihr nach Deutschland zu kommen.

Mercedes Sosa in ihrer Heimatprovinz Tucumán.

Mercedes Sosa und León Gieco.

Die Zeit nach dem Exil

BALD NACH ihrer Rückkehr beginnt Mercedes mit der Planung, in sieben Tagen dreizehn Konzerte im Opernhaus Teatro Ópera in Buenos Aires zu geben. Sie denkt, dass die internationale Beachtung und Wertschätzung, die ihr entgegenschlägt, die Militärs davon abhalten wird, etwas gegen sie zu unternehmen, da die Junta zu viel Aufmerksamkeit des Auslands tunlichst vermeiden will. Dennoch gibt es Risiken, wenn nicht für sie, dann für ihre Anhänger und Bewunderer, die zu den Konzerten in das ausverkaufte Theater kommen. Mercedes ist klar, dass die Polizei anwesend sein wird. „Es war 1982, kurz vor dem Krieg um die Falklandinseln. Es war ein bisschen verrückt, aber ich habe dreizehn Konzerte in sieben Tagen geplant. Damals war das Militär noch an der Macht, und jeder wusste, was passieren könnte", gibt sie später zu.[2]

Am 17. Februar, dem Tag, bevor sie in Argentinien zum ersten Mal seit drei Jahren wieder auf der Bühne stehen soll, hat Mercedes einen inneren Konflikt. Etwas, das sie lange verdrängt hat, taucht immer wieder auf, wenn sie in den Spiegel schaut. Die Person, die ihr entgegenblickt, ist eine Fremde geworden, die sie nur noch schwer akzeptieren kann. Was ist aus der schlanken und sportlichen jungen Frau geworden, die sie einmal war? Mercedes hat ihre Gewichtszunahme vor sich selbst und anderen versteckt, indem sie die Ponchos trug, aber das wird nicht mehr ausreichen, und sie ist besorgt über die Reaktion ihres Publikums. Sie hat gemerkt, was die Leute anspricht: Man muss groß, schlank und hellhäutig sein und sollte besser keine indianischen Züge haben. Mercedes ist genau das Gegenteil. Sie ist klein und übergewichtig, hat einen dunklen Teint und sehr indianische Züge.

Ihr gewohntes Selbstvertrauen weicht einem Gefühl der Minderwertigkeit, da sie unsicher ist, wie das Publikum auf sie reagieren wird. Doch sie gesteht sich ein, dass es paradox ist, einerseits unter Einsatz ihres Lebens das Regime herauszufordern und sich andererseits Sorgen zu machen, was die Leute über ihr Aussehen denken. Es erinnert sie daran, dass sie, auch wenn sie bewundert wird und für viele ein Vorbild ist, genauso menschlich ist wie alle anderen und nicht unfehlbar sein kann. „Ich bin ein Haufen heiliger Dinge gemischt mit menschlichem Zeug. Wie soll ich das erklären – weltliche Dinge."

Ihr Gewichtsproblem begleitet sie für den Rest ihres Lebens, aber die Angst vor der Reaktion des Publikums ist bald verflogen. Als sie am 18. Februar 1982 den Konzertsaal betritt, bebt die Atmosphäre vor Aufregung. Die Menschen jubeln, schreien und klatschen, als sie auf die Bühne steigt und auf den Mikrofonständer zugeht. Auf ihre Gedanken konzentriert, bleibt sie stehen, schließt die Augen, atmet tief durch und genießt den Augenblick. Fast eine Minute lang steht sie in meditativer Ruhe vor der tobenden Menge da, bevor sie das emblematische Lied „*Como la Cigarra*" anstimmt. Ihre Botschaft ist, laut und deutlich: sie ist wieder da, sie steht immer noch aufrecht, und sie singt.

Das Publikum ist ekstatisch. Schon nach den ersten Strophen ist allen klar, dass ein musikalisches Genie vor ihnen steht.

Mit ihrer sanften und tiefen Altstimme – sonor, fesselnd, gefühlsgeladen und leidenschaftlich – zieht sie ihre Zuhörer in den Bann. Sie ist zweifelsohne eine eindringlichere Künstlerin, als sie es früher war. Wenn die Reaktion des Publikums ein Maßstab dafür ist, wie sehnlichst die Menschen Veränderung wollen, dann haben die Generäle allen Grund zur Sorge. Mercedes scheint in der Lage zu sein, allein mit ihrer Stimme eine Revolution auszulösen.

Sie pflanzt die Saat von Freiheit und Gerechtigkeit in die Köpfe ihrer Zuhörer, nicht nur mit ihren Liedern, sondern auch durch ihr Vorbild an Courage. All die aufgestaute Angst der Leute und die Qualen eines Lebens in Unterdrückung finden in ihren Liedern eine Sprache. Wie sie schon sagte: „Mit meiner Stimme singen weder du noch ich, sondern ganz Lateinamerika."[24]

Bei einem der dreizehn Konzerte beschließt Mercedes, „*La Carta*" (Der Brief) von Violeta Parra zu singen, ein verbotenes Lied, das die Situation der von der Militärdiktatur unterdrückten Menschen in Chile beschreibt. Sobald sie es anstimmt, stehen Polizisten im Saal auf und weisen sie an – unter dem Protestgeschrei der Anwesenden im Konzertsaal – aufzuhören. Die Polizisten warnen, dass sie das Konzert beenden und alle nach Hause schicken werden, wenn sie noch einmal versuchen sollte, dieses Lied zu singen. Daraufhin kommen der Konzertveranstalter und Fabián mit blassen, sorgenvollen Gesichtern zu ihr auf die Bühne und wirken auf sie ein, das Lied aus dem Spielplan zu nehmen.[2]

Die besten Lieder der dreizehn Konzerte werden aufgenommen und unter dem Titel *Live in Argentinien* veröffentlicht.

Das Album verkauft sich hunderttausendfach. Ein Kritiker von *Esquire* beschreibt sein Hörerlebnis wie folgt:
„Ihre Stimme erschlägt einen fast. Sie ist weich, tief und fesselnd. Und sie bewegt einen in gleicher Weise wie Tausende ihrer Landsleute, die bewundernd und lautstark in Applaus ausbrachen."

Als die Konzerte vorbei sind, wird Mercedes von den Generälen gezwungen, nach Spanien zurückzugehen, wo sie immer noch ihr Haus hat. Doch noch in der Mitte desselben Jahres kehrt sie endgültig nach Lateinamerika zurück und stellt ihr neues Album *Gente Humilde* (Die einfachen Leute) vor.

IN DEN ersten fünf Jahren der argentinischen Diktatur ist die Arbeiterschaft eingeschüchtert und wagt keine nennenswerte Gegenwehr, doch die Rückkehr von Mercedes weckt allgemeine Hoffnung, dass ein demokratischer Neuanfang möglich ist. Im April 1982, zwei Monate nach ihrer vielbeachteten Konzertreihe, schlittert das Land in eine verheerende Wirtschaftskrise, die den zivilen Widerstand gegen die Militärs entfacht. Die Generäle beschließen, ihre Macht zu demonstrieren, indem sie die Souveränität über die Falklandinseln im Südatlantik zurückfordern, die seit hundertfünfzig Jahren von Großbritannien beherrscht werden. Sie planen eine Invasion der Inseln in der Hoffnung, die Aufmerksamkeit von der Wirtschaftskrise abzulenken und durch einen Sieg die Gunst der Öffentlichkeit zurückzugewinnen. Als Verhandlungen zwischen Großbritannien und Argentinien über die Rückgabe scheitern, werden die ersten argentinischen Truppen zu den Inseln gesandt und erreichen den Archipel am 2. April 1982. Doch dies erweist sich als fatale Fehlkalkulation. Denn auch die damalige britische Premierministern Margaret Thatcher will den Krieg gewinnen und lässt in einer Weise zurückschlagen, die die Generäle vollkommen überrascht. Auch vom amerikanischen Präsidenten Ronald Reagan erhalten sie nicht mehr die sonst von den USA so gewohnte Unterstützung. Im Gegenteil, Reagan verhängt Wirtschaftssanktionen gegen Argentinien und lässt den Briten Geheimdienstinformationen zukommen, um die Bewegungen der argentinischen Truppen zu verfolgen und sie abzuwehren.[24] Am 14. Juli kapitulieren die Argentinier, einen Tag später ist der Krieg offiziell beendet.

Die unerwartete Niederlage im Falklandkrieg bedeutet nichts weniger als den Todesstoß für das Regime. Inzwischen ist die Wahrheit über die Verwicklung der Militärs in die Entführungen und das „Verschwinden" von Regimegegnern an die Öffentlichkeit gedrungen. Viele Menschen kommen hervor, um ihre tragischen Geschichten zu erzählen. Das löst eine Welle von Protesten in der Zivilbevölkerung gegen die bereits geschwächte Militärregierung aus. Im Oktober 1982 organisieren Menschenrechtsgruppen einen nationalen Aufmarsch. Mehr als zehntausend Menschen nehmen trotz des Verbots der Regierung daran teil. Im April 1983 veröffentlicht die Junta, die ihren Untergang voraussieht, ein Schriftstück, in dem sie ihr Vorgehen im „Kampf gegen Rebellen und Terroristen" verteidigt. Es ist ein Dokument, das sieben Jahre argentinische Geschichte verzerrt und viel nationale und internationale Entrüstung auslöst. Im Juli 1983 folgt eine weitere Demonstration, an der sich mehr als fünfzigtausend Menschen beteiligen.

ARGENTINIENS MILITÄRREGIME ist kurz davor, in die Mülltonne der Geschichte wandern. Über fünfzigtausend Menschen haben sich zu einem Konzert im Fußballstadion Ferro Carril Oeste in Buenos Aires versammelt, um die Morgendämmerung der Demokratie zu feiern. Mercedes ist überglücklich. Triumphierend erobert sie die Bühne mit einer imposanten Präsenz, die das Publikum in ihren Bann zieht. Es ist ein warmer Sommerabend. Einige Männer haben ihre Oberleibchen ausgezogen und schwenken sie wie eine Fahne. Andere tanzen ausgelassen, mit ihren Kindern oder Freundinnen auf den Schultern.

Das Publikum verströmt unbändige Lebensfreude. Sie hüpfen und klatschen mit hocherhobenen Armen. Mercedes ist noch nie vor einem so großen Publikum aufgetreten, und sie hat das Gefühl, dass dieses Konzert in die Geschichte eingehen wird. Bevor sie den Mund zum Singen öffnet, bleibt sie eine Zeitlang vor ihrem Publikum stehen und blickt liebevoll in die Menge, während ihr der Jubel entgegenströmt. Eine leichte Sommerbrise spielt mit ihrem Haar, und sie merkt, dass der ganze Albtraum vorbei ist. Dann setzt sie das Lied „*Guitarra Enlunarada*" (Gitarre im Mondlicht) an, und alle erwidern den Refrain und brüllen „Libertad, Libertad, Libertad!"[25] (Freiheit!).

Nach dem ersten Lied stellt sie ihre vierköpfige Band vor, dieselben Musiker, mit denen sie vor ihrem Exil zusammengearbeitet hat und die für sie wie eine Familie geworden sind: Nicolás Brizuela an der Gitarre, Gustavo Spatocco am Keyboard, Rubén Lobo am Schlagzeug und Carlos Genoni am Bass – sie alle sind inzwischen selbst hervorragende und angesehene Musiker.[25]

Mercedes hat ihr Repertoire um einige Rocksongs erweitert, und eine der größten Überraschungen, die sie für ihr Publikum bereithält, ist der geneinsame Auftritt mit Charly García, zu jener Zeit einer der größten Rockstars der spanischsprachigen Welt. Er betritt die Bühne durch einen Seiteneingang und geht an der Band vorbei auf Mercedes zu, die ihn mit ausgestreckten Armen empfängt. Nachdem sie sich umarmt und auf die Wangen geküsst haben, setzt er sich ans Klavier und beginnt das Lied „*Inconsciente Colectivo*" (Kollektives Unbewusstsein) zu spielen.

Charly ist ein musikalisches Genie, das bereits im Alter von drei Jahren mit dem Komponieren am Klavier begann. Im Alter von zwölf Jahren ist er bereits professionell ausgebildeter Musiker. Während der Diktatur wurde er dafür bekannt, dass er mit zweideutigen Texten nahe an die Grenzen ging, aber ohne sie zu überschreiten, und so vermied er es, dass seine Lieder verboten wurden. Der Text von „*Encuentro Con El Diablo*" (Treffen Mit Dem Teufel) beispielsweise bezieht sich in zweideutiger Weise auf den Innenminister unter der Diktatur, Albano Harguindeguy, der alle kritischen Künstler aufforderte, entweder ihre Kritik an den politischen Verhältnissen einzustellen oder das Land zu verlassen.

Das Konzert erreicht seinen Höhepunkt, als Mercedes „*Todo Cambia*" anstimmt. Sie hält das Mikrofon in Richtung des

Publikums, das bei jedem Refrain zurücksingt: „Cambia todo cambia!" Alles ändert sich, nur nicht die Liebe zum eigenen Land:

*Was sich gestern geändert hat,
wird sich auch morgen ändern,
so wie ich mich verändere in diesem fernen Land.
Aber meine Liebe ändert sich nicht,
egal wie weit weg ich mich befinde,
und weder die Erinnerung an mein Land
noch der Schmerz meines Volkes.*
„Todo Cambia" von Julio Numhauser Navarro

Das gefühlvolle Lied erreicht seinen Höhepunkt, als Mercedes ihren langen Schal abnimmt und zu tanzen beginnt. Den Schal über ihrem Kopf schwingend, bewegt sie sich gewandt und mit Anmut über die Bühne, ihr Gesicht strahlt dem Publikum entgegen. Sie ist tatsächlich als eine viel aufgeschlossenere Person aus dem Exil zurückgekehrt. Mittlerweile ist sie außerordentlich ausdrucksstark und unterstreicht ihre Lieder mit lebhaften Gesten – sogar ihre Stimme hat sich verändert, sie ist noch tiefer und voller geworden, wenn sie beispielsweise ein gefühlsbetontes Liebeslied singt, und noch dynamischer, wenn sie in einem Lied zum Widerstand aufruft. Mercedes beschreibt ihre Veränderung und was dazu beigetragen hat: „Meine Lieder waren früher sehr introvertiert. Jetzt sind sie Lieder, die aus mir herausdrängen. Wenn ein Künstler auf Widerstand trifft, steigt seine Kraft, und was macht der Künstler dann? Er wächst. Die Musik muss sich entwickeln, der Künstler auch."[2]

Während des gesamten Konzerts mutet sie wie ein Vulkan an, der Liebe zu den Menschen ausstößt. Und das Publikum erwidert es immer wieder aufs Neue. Ein Mann in der ersten Reihe wirft ihr seine verschwitzte Arbeitermütze auf die Bühne. Sie ergreift sie, hält sie zwischen ihren Händen, küsst sie sanft und gibt sie ihm zurück. Eine andere Person reicht ihr eine langstielige rote Rose, die sie mit einem hingebungsvollen Blick entgegennimmt und „Gracias" sagt. Diese Kommunikation zwischen Mercedes und ihrem Publikum setzt sich fort, während sie weitersingt. Ihre altruistische Persönlichkeit ist herausragend, und es ist bemerkenswert, wie viele Personen sie auf der Bühne umarmt. Wenn Künstlerkollegen sich zu ihr gesellen, steht sie auf, breitet ihre Arme aus und presst sie an sich. Da sie kleiner ist als die meisten anderen, lehnt sie sich oft an den Kollegen neben ihr und legt einen Arm um seine Taille, wenn sie ein Duett singen. Wenn sie an anderen Musikern vorbeigeht, gibt sie ihnen einen Klaps auf den Kopf oder auf die Schulter. Das ganze Konzert zeigt, dass sie „für die Menschen singt, weil sie sie liebt", wie sie immer wieder in ihren Interviews offenherzig betont.[25]

Das Konzern beendet sie mit dem symbolträchtigen Lied „*Cuando Tengo la Tierra*", für das sie einst verhaftet wurde. Diesmal kann sie niemand aufhalten, und sie geht mit festem Schritt auf der Bühne hin und her, während sie dieses kraftvolle Befreiungslied intoniert. Mit ausgestrecktem Arm und geballter Faust ruft sie „Campesino" (Bauer). Jemand wirft die argentinische Flagge auf die Tribüne, und Mercedes hebt sie entschlossen auf und schwenkt sie über ihrem Kopf. Das Publikum jubelt begeistert.

Das Konzert markiert den Übergang Argentiniens zur Demokratie. Die Vorführung wird mitgeschnitten, und Ende 1983 werden ein Album und ein zusätzlicher Dokumentarfilm unter dem Namen *Como un Pájaro Libre* (Wie ein Freier Vogel) veröffentlicht,

DIE ERSTE demokratische Wahl nach dem Sturz der Militärjunta wird von Raúl Alfonsin von der Radikalen Partei mit 51 Prozent der Stimmen gewonnen. Alfonsin ist seit langem in Opposition zu Juan Domingo Perón und der Militärdiktatur und hat in seinem Wahlkampf versprochen, bei den Menschenrechten keine Kompromisse einzugehen. Er versprach auch, das „Gesetz zur Nationalen Befriedung" aufzuheben - ein Gesetz, das die Militärjunta erlassen hatte, um Armeeangehörigen Amnestie für ihre Verbrechen zu gewähren. Mercedes sieht die neue Demokratie nicht als selbstverständlich an und möchte sie bekräftigen. Deshalb gibt sie Raúl Alfonsin ihren vollen Rückhalt und unterstützt ihn durch ihre Anwesenheit bei öffentlichen Veranstaltungen. „Es wäre ein Verrat an allem, woran ich glaube und wofür ich stehe, wenn ich mich von dem, was hier passiert, fernhalten würde. Wir haben jetzt eine Demokratie, die zerbrechlich ist und immer noch unter Schmerzen leidet, aber glücklicherweise existiert sie. Es ist eine große Aufgabe, an der wir alle, ob Künstler oder Soldaten, mitarbeiten müssen, wenn wir die Demokratie aufrechterhalten wollen",[25] sagt sie.

Am 10. Dezember 1983 wird Alfonsin als neuer Präsident vereidigt, und das Erste, was er tut, ist die Aufhebung der Amnestiegesetze, so wie er es versprochen hat. Er ernennt die Nationale Kommission für Verschwundene Personen (CONADEP), um alle Fälle von verschwundenen Landsleuten zu untersuchen und die Schuldigen anzuklagen. Nach neun Monaten veröffentlicht die Kommission einen fünfzigtausend Seiten starken Bericht, der überwiegend auf Zeugenaussagen beruht. Der Bericht trägt den Titel *Nunca Más* (Nie Wieder) und wird innerhalb weniger Wochen in einer Auflage von zweihunderttausend Exemplaren in Argentinien verbreitet und später in mehrere Sprachen übersetzt. Im Bericht wird geschätzt, dass etwa neuntausend Menschen verschwunden sind, aber in Wirklichkeit sind es wohl eher dreißigtausend, denn viele Entführungen wurden nie dokumentiert.[17]

Alfonsin stellt neun der ranghöchsten Offiziere der letzten drei Juntas vor ein Militärgericht. Doch das entpuppt sich als großer Fehler. Der Prozess entwickelt sich zu einer Farce, da das Militärgericht zögert, ein Urteil zu fällen. Daraufhin werden die Angeklagten im April 1985 zusätzlich vor ein ziviles Gericht gestellt. Dort werden sie in 711 Fällen wegen Mordes, illegaler Inhaftierung, Folter, Vergewaltigung und Raub angeklagt. Fünf der neun Generäle werden zu Haftstrafen zwischen viereinhalb Jahren und lebenslänglich verurteilt. Das Urteil führt zu einer Verschärfung der Spannungen zwischen der Regierung und dem Militär, und die Mitglieder der CONADEP bekommen Bombendrohungen in ihren Büros und auch in ihren Privatwohnungen von anonymen Sympathisanten der Diktatur.[17]

Als Versuch, den Militärs Luft aus den Segeln zu nehmen, setzt Alfonsin am 24. Dezember 1986 ein Gesetz mit der Bezeichnung „Punto Final" (Schlusspunkt) in Kraft. Das Gesetz räumt den Staatsanwälten eine Frist von sechzig Tagen ein, um ihre Anschuldigungen gegen die Junta vorzubringen; danach gilt das Kapitel als abgeschlossen, und niemand mehr kann weitere Anschuldigungen vor Gericht bringen.

Doch in der Folge werden in dieser Frist Hunderte von Offizieren vor Gericht gestellt, und die Drohungen des Militärs gegen die Regierung nehmen weiter zu. Die Menschen demonstrieren auf den Straßen für ihre demokratisch gewählte Regierung. Doch Alfonsin muss schließlich wegen der wirtschaftlichen Probleme des Landes und der Hyperinflation sein Amt aufgeben. Damit ist der Weg frei für den Perónisten Carlos Menem, der die nächsten Wahlen im Mai 1989 mit 47 Prozent der Stimmen gewinnt.

In seinem Wahlkampf verspricht er, die Bedingungen für die Arbeiterschaft zu verbessern, doch während seiner Präsidentschaft tut er genau das Gegenteil: Er kürzt die Unterstützungspakete für die Armen. Außerdem begnadigt er viele der verurteilten Straftäter, die Raúl Alfonsin inhaftieren ließ. Selbst Isabel Perón wird freigelassen und begnadigt. Sie stand fünf Jahre lang unter Hausarrest wegen ihrer Mitverantwortung für das gewaltsame Verschwinden von Personen und der Verbrechen im Zusammenhang mit ihrem Erlass vom 6. Oktober 1975, in dem die Streitkräfte aufgefordert wurden, „subversive Elemente auszulöschen."

Das argentinische Volk fühlt sich aufs Neue missbraucht. Alle wollen, dass die Wahrheit über die Diktatur endlich ans

Licht kommt, doch stattdessen nehmen die Aggressionen, Drohungen und Verfolgungen unter Menems Präsidentschaft wieder zu, und zwar zunächst gegen kritische Journalisten. Am 11. November 1993 verschwindet der erste Journalist in der neu geformten Demokratie, Mario Bonino. Er verteilte Flugblätter, um auf die zunehmenden Repressionen gegen Zeitungsleute aufmerksam zu machen. Einige Tage später wird seine Leiche in einem Fluss gefunden, aber niemand wird offiziell dafür verantwortlich gemacht. Als sich Tausende Argentinier zum Protest auf der Plaza del Mayo versammeln, zeigt Mercedes Sosa ihre Unterstützung, indem sie auf die Bühne tritt und „Honrar la Vida" (Ehre das Leben) singt.

DIE GROSSMÜTTER der Plaza de Mayo setzen die Suche nach ihren vermissten Enkelkindern fort, nachdem die Schreckenstaten der Junta ein Ende genommen haben. Als CONADEP 1983 die Ausgrabung hunderter Massengräber anordnet, kritisieren sie die unprofessionelle Vorgehensweise der argentinischen Wissenschaftler. Die Knochen werden willkürlich neben den offenen Gräbern aufgestapelt, was eine genetische Untersuchung und Identifizierung verunmöglichten. In aller Eile berufen sie ein Treffen mit der CONADEP ein und fordern die Verantwortlichen auf, mit den Wissenschaftlern der American Assoziation fort Theo Avancement oft Science (AAAS) zusammenzuarbeiten, die eine Delegation von Forensikern entsendet, um bei den Exhumierungen zu helfen.

1986 treffen sie sich mit Präsident Alfonsin, der sich bereit erklärt, eine genetische Datenbank anzulegen, die von den Angehörigen vermisster Kinder bis 2050 genutzt werden kann. Gleichzeitig setzt er ein neues Gesetz in Kraft, das besagt, dass Adoptiveltern, die sich weigern, sich testen zu lassen, als Mitverschwörer bei Entführungen gelten. Zum ersten Mal in der Geschichte wird die forensische Wissenschaft für humanitäre Zwecke eingesetzt. Auf der Grundlage von DNA-Tests ihrer Großeltern können vermisste Kinder empirische Beweise erhalten und ihre ursprünglichen Familien mit 99,9-prozentiger Sicherheit ausfindig machen.

Die meisten Großmütter sind einfache Hausfrauen, die ihr Zuhause nur selten ohne ihren Mann verlassen. Aber ihre persönlichen Verluste haben Veränderungen in ihnen ausgelöst. Sie gründen die Nationale Genetische Datenbank und beeinflussen die internationale Gesetzgebung zur Adoption, indem sie an der Formulierung des Inhalts des Übereinkommens der Vereinten Nationen über das Recht des Kindes mitwirken, das von 191 Ländern ratifiziert wird. Sie gibt Adoptivkindern das Recht zu wissen, dass sie adoptiert sind, und gewährt ihnen vollen Zugang zu allen Aufzeichnungen, sobald sie achtzehn Jahre alt sind. Die Großmütter von der Plaza de Mayo haben es Adoptivkindern auf der ganzen Welt ermöglicht, ihre Wurzeln und ihre wahre Identität kennenzulernen.[17] Bis Dezember 2017 wurden einhundertsechsundzwanzig von der Junta entführte Kinder wieder mit ihren Familien zusammengeführt.[26]

Mercedes respektiert die Arbeit der Großmütter und unterstützt sie auch weiterhin. Sie weiß, wie wichtig es ist, die eigenen Wurzeln und die eigene Geschichte zu kennen.[28] Die

Leistungen der Großmütter bestätigen sie in ihrer Überzeugung: „Es ist wichtig, auf diese Welt zu reagieren und es nicht anderen und schon gar nicht den Politikern zu überlassen, die Welt zu einem besseren Ort für alle zu machen. Ich denke, es ist ein großer Fehler zu glauben, dass die großen Veränderungen von den politischen Parteien kommen werden. Nein, sie müssen von jedem von uns kommen."

1991 widmet Mercedes den Großmüttern der Plaza de Mayo ein Gedenkkonzert im Stadion Ferro Ciril Oeste.[28]

MERCEDES HAT im Laufe der Jahre gutes Geld verdient und wird nie wieder in die Armut geraten, die sie in ihrer Kindheit und als junge Künstlerin erlebt hat. Es wird ihr und ihrer Familie für den Rest ihres Lebens an nichts mehr fehlen. Sie könnte es sich leisten, sich ein luxuriöses Apartment oder ein Haus zu kaufen, aber sie zieht es vor, in ihrer großen Wohnung in der Avenida 9 de Julio gegenüber dem prächtigen Gebäude der französischen Botschaft im Zentrum von Buenos Aires zu leben. Ihr Lebensstil hat wenig Prätentiöses an sich; dass sie wohlhabend ist, macht sie nicht oberflächlich. „Mir ist es egal, ob ich ein Flugzeug oder einen Swimmingpool besitze. Ich will einfach nur in Frieden leben",[28] sagt sie.

Auch ihre Meinung zur Ungleichheit in der Gesellschaft hat sich nicht geändert. Sie setzt sich nach wie vor dafür ein, dass jeder Mensch ein Zuhause mit einem Bett zum Schlafen und eine Arbeit haben sollte, um sich selbst zu versorgen. „Ich träume davon, dass jeder Mensch etwas zu essen, Kleidung zum Anziehen und ein Haus zum Wohnen hat. Das Leiden muss ein Ende haben, und der Arbeiter muss stolz auf seine Arbeit und stolz darauf sein können, ein Arbeiter zu sein. Die heilvollste Art, den Armen zu helfen, ist, ihnen eine Arbeit zu geben, damit sie für sich selbst sorgen können", [2] sagt sie. Aus eigener Tasche unterstützt sie Einwanderer aus Peru, Bolivien und Paraguay, die illegal in einem Viertel von Buenos Aires namens Banjo Flores leben. Sie spendet Geld für eine neue Sendeanlage eines kleinen Radiosenders, der sich direkt an die Einwanderer wendet, und unterstützt deren Suppenküchen. Sie stellt einigen Frauen in Banjo Flores Stoffe und Nähmaschinen zur Verfügung und investiert in eine Nudelfabrik.[2] Ihre pragmatische Herangehensweise wird belohnt. 1992 wird sie für ihr soziales Engagement zur Ehrenbürgerin von Buenos Aires ernannt.[13]

GENAUSO WIE ihre Sympathie für die Armen hat sich auch ihre Gewogenheit gegenüber den indigenen Völkern Lateinamerikas nicht verändert. Auch wenn sie Einladungen zu Auftritten an den renommiertesten Bühnen der Welt erhält, gibt es eine Stimme in ihr, die sie an ihre indianischen Wurzeln erinnert. Sie möchte die indigene Bevölkerung erreichen, von denen vielleicht viele nicht wissen, wer sie ist, oder es sich nicht leisten können, ihre Konzerte zu besuchen. Sie hat das Gefühl, dass ihr etwas Wichtiges fehlt, wenn sie keine Verbindung zu ihnen herstellt.

Eines Tages wird sie von einem Journalisten interviewt, der ihr erzählt, dass er mit einigen Mitgliedern der indigenen Bevölkerungsgruppen in Kontakt getreten ist und sie gefragt hat, ob sie Mercedes Sosa kennen. Sie antworteten: „Wir sind Mercedes Sosa nie begegnet, aber wir kennen ihre Lieder und wissen, dass sie eine von uns ist."[2] Diese Reaktion macht sie stolz und motiviert sie, eine Konzerttournee in die entlegenen Gebiete der Region zu unternehmen und kostenlos aufzutreten, um mit den Einheimischen in Kontakt zu kommen.

Die Tournee führt sie zunächst nach Bolivien, dann nach La Quack und San Salvador de Jujuy im Nordwesten Argentiniens, dreihundert Kilometer nördlich ihrer Heimatstadt San Miguel de Tucumán.[27] In diesem Teil des Landes kennen die meisten Menschen sie bereits, und sie wird besonders herzlich empfangen.

An einer Tankstelle am Stadtrand erkennt eine Gruppe von Kindern sie in ihrem Reisebus und läuft darauf zu. Sie schauen Mercedes an, umarmen und küssen sie. „Ich bin so dankbar für die Liebe der Menschen. Sogar die Kinder, die nicht verstehen, wovon ich singe, lieben mich",[25] sagt sie, als sie über das Treffen reflektiert.

Manchmal halten sie unterwegs in kleinen Dörfern an, um eine Pause zu machen, Leute zu treffen und sich umzusehen. Mercedes fühlt sich wie zu Hause, wenn sie durch die engen Gassen zwischen den schlichten, weiß getünchten Häusern spaziert. Mit ihrem Poncho und den zu einem Pferdeschwanz gebundenen Haaren fügt sie sich gut unter die Einheimischen ein. Einige der Erwachsenen kommen auf sie zu, um sie zu begrüßen und zu küssen. Schüchterne Kinder mit rötlichen Gesichtern und strähnigem Haar folgen ihr neugierig, wohin sie auch geht. Manchmal setzt sie sich spontan mit ihrer großen Trommel auf eine Steinstufe und singt ihnen das Schlaflied „*Derma Negrito*" (Geh schlafen, kleines Mädchen) vor.[25]

Sie fahren vom Norden Argentiniens bis hinunter nach Patagonien und legen mehr als viertausend Kilometer zurück, bevor sie die südlichste Stadt der Welt, Ushuaia, erreichen. In diesem kalten, windigen, subpolaren Ort singt sie für die Nachkommen der Ureinwohner Feuerlands und schließt Freundschaft mit ihnen. Diese Leute leben in einer ärmlicheren Umgebung, als sie es auf ihren Reisen je gesehen hat. Wieder sind es die Kinder, die Mercedes' Aufmerksamkeit erregen. Als sie sieht, dass sie ihr eigenes Spielzeug gezimmert haben und mit alten Holzkisten die Hügel hinunterrutschen, wird sie an ihre eigene Kindheit erinnert und daran, wie sie mit ihren selbstgebastelten Spielsachen im Park ihres Dorfes gespielt hat. Mercedes weiß, dass viele dieser Kinder nie eine Chance haben werden, der Armut zu entfliehen, und das bestärkt sie darin, etwas für alle benachteiligten Kinder in Lateinamerika zu bewirken.

Als sie 1999 von der UNICEF das Angebot erhält, Botschafterin des guten Willens für die Kinder Lateinamerikas und der Karibik zu werden, nimmt sie es ohne zu zögern an. Sie wird sich dieser Aufgabe für den Rest ihres Lebens widmen. Auf die Frage in einem Interview, auf welche Errungenschaft in ihrem Leben sie am meisten stolz ist, antwortet sie: „ Dass ich UNICEF-Botschafterin geworden bin und mich für die Kinder in Lateinamerika und der Karibik eingesetzt habe. Eine Kindheit voller Leid und Entbehrungen schafft verzweifelte erwachsene Männer und Frauen."[6]

MITTLERWEILE ANFANG fünfzig, hofft Mercedes, dass sie der jüngeren Generation, vor allem den jungen Künstlern, etwas Positives weitergeben kann. „Ich habe großen Respekt vor der Jugend, vor denen, die Dinge in Frage stellen und herausfordern, und das war schon immer so. Ich möchte den jungen Menschen eine sehr wichtige Botschaft vermitteln, nämlich, dass sie für die Welt von großer Bedeutung sind",[11] sagt sie. „Die Militärdiktatur in meinem Land hat die Menschen gelähmt. Heute erwacht eine neue Generation von jungen Liedermachern zum Leben, die das Feuer der Freiheit erleben."[15]

Sie ermutigt die junge Generation unter anderem dadurch, dass sie sie für die großen Musikfestivals begeistert, die jedes Jahr in verschiedenen Ländern Lateinamerikas stattfinden. Das größte ist das Festival in Josquin in der argentinischen Provinz Cordoba. Es findet jedes Jahr Ende Januar statt und erstreckt sich über neun Tage. Hier hatte Mercedes 1965 ihren Durchbruch, und seitdem hat sie, abgesehen von ihren Jahren im Exil, immer wieder daran teilgenommen. So wie sie damals von Jorge Carne vorgestellt wurde, setzt sie sich heute selbst für die Förderung der jüngeren Künstlergeneration ein und lädt viele unbekanntere Künstler ein, mit ihr auf der Bühne zu singen. Vielen gelingt später der Durchbruch, weil Mercedes sie ins Rampenlicht holt und ihr Prestige nutzt, um sie einem neuen Publikum vorzustellen. Sie scheut nicht davor zurück, ihren Ruhm mit anderen zu teilen, und sie ist sogar der Meinung, dass viele der Künstler viel besser singen als sie selbst. Die jungen Künstler ihrerseits bewundern sie. Sie wird zu einer Art Patin, die ihre Arbeit aufmerksam verfolgt und ihnen ihren Segen gibt.

Einer der Künstler, den sie oft mit auf die Bühne holt, ist der argentinische Komponist und Sänger Víctor Heredia. „Mercedes hat mich aufgefordert, bei jedem ihrer Konzerte zu singen, und sie brachte die Leute dazu, mir zuzuhören. Ich nenne sie immer Mama, weil sie meine zweite Mutter ist",[3] beschreibt Heredia, wie er seinen Durchbruch schaffte. Er schrieb das Lied „Ottava Centimos" (Wir singen immer noch), das nach dem Sturz des diktatorischen Regimes ein fester Bestandteil von Mercedes' Programm wird.

Wir singen immer noch, wir fragen immer noch,
wir träumen immer noch, wir hoffen immer noch,
trotz der Wunden,
die unsere Leben vom Geist des Hasses erlitten haben,
der unsere Liebsten in die Vergessenheit verbannt hat.

Wenn sie Zeit mit jungen Leuten verbringt und deren Musik hört, bleibt sie auf dem Laufenden und ist auch über andere Genres informiert. Anstatt auf Nummer sicher zu gehen, hat sie den Mut, stilistische Grenzen zu überschreiten und fügt ihrem Repertoire argentinischen Tango, kubanische Nivea Troja, brasilianischen Bossa Nova sowie Jazz- und Rockeinflüsse hinzu. „Meine Karriere war eine ständige Suche, nicht nach Beifall, sondern eine persönliche musikalische Suche, die mit Veränderungen und dem Eingehen von Risiken verbunden war. Ich habe die Folkloremusik nicht aufgegeben, aber ich habe angefangen, einige der vom Jazz beeinflussten Kompositionen von Milton

Nascimento, Chico Baroque und anderen brasilianischen Pop-Meistern auf Portugiesisch zu singen. Ich bin immer noch am Experimentieren, am Suchen. Ich fühle mich nicht alt; ich bin eine Künstlerin, die ihr Repertoire ständig verändert",[28] sagt sie.

So wie sie eine Brücke zwischen den Generationen schlägt, nutzt sie ihren Ruhm auch, um eine Verbindung zwischen Musikgenres herzustellen, zwischen denen früher eine große Lücke klaffte. Dabei bleibt sie der Folkloremusik treu, aber verbindet sie auch mit neueren Einflüssen und inspiriert dabei junge Künstler, ihrerseits die traditionelle Volksmusik am Leben zu erhalten. Bei allem, was sie tut, hält sie nie mit ihrer politischen Meinung zurück, und sie singt immer noch die alten Protestlieder. Aber nach und nach nimmt sie immer mehr Lieder in ihr Repertoire auf, die nicht unbedingt einen politischen Inhalt haben. Es kommen mehr Liebeslieder hinzu, wie zum Beispiel „*Tornado del Viejo Amor*" (Melodie Einer Alten Liebe) und „*Inzensier*" (Sinnlosigkeit).

Aber ganz gleich, welches Genre sie besingt, ihre Solidarität mit leidenden Menschen und ihre Überzeugung, dass das Gute über das Böse siegen wird, bleiben für sie primär. „Alles, was ich früher gedacht und geglaubt habe, gilt immer noch. Meine Meinung hat sich nicht geändert. Ich könnte nicht im Traum daran denken, sie zu ändern",[25] sagt sie. „Ich kann über die Probleme singen, die während der Militärzeit aufgetreten sind. Aber ich singe auch über Probleme, die jetzt auftreten. Ich singe weiterhin über Armut und Hunger, denn das sind Probleme, die sowohl in Diktaturen als auch in Demokratien bestehen."[29]

Viele der lateinamerikanischen Künstler, die sie der Öffentlichkeit vorstellt, teilen ihre Standpunkte. Aber sie lässt sich nicht einschränken, mit wem sie zusammenarbeitet. Ganz im Gegenteil – sie nutzt die Musik, um Brücken zwischen Menschen mit unterschiedlichen Ideologien zu schlagen und ist offen für Kooperation mit jedem, der mit ihr arbeiten möchte. Anderen Respekt zu zeigen, gehört zu ihren Grundwerten.

Mit dem Selbstvertrauen, das sie in ihrer Kindheit erworben hat, ist sie sicher in dem, was sie tut, und kann sich leicht auf mehr Vielfältigkeit einlassen, ohne sich bedroht zu fühlen. Sie sagt: „Wir sind alle verschieden, und das ist das Schöne am Leben auf dieser Erde. Unsere verschiedenen Farben, unsere verschiedenen Ansichten und unsere verschiedenen politischen Systeme."

Ihr Einsatz für ein friedliches Zusammenleben wird belohnt. Im Oktober 1996 erhält sie den vom Internationalen Musikrat verliehenen IMC-UNESCO-Preis für ihren unermüdlichen Einsatz für die Menschenrechte und für ihren Beitrag zur Einheit und zum gegenseitigen Respekt und Verständnis zwischen den Menschen. Die Jury begründet ihre Entscheidung mit ihrer herausragenden Karriere und der Anerkennung ihrer hohen ethischen und moralischen Werte.[13]

Ein Jahr später, im März 1997, erhält sie das prestigeträchtige Amt der Vizepräsidentin der Allianz des Erratest und ist an der Ausarbeitung der Erdcharta beteiligt, die einen ethischen Rahmen für den Aufbau einer gerechten, nachhaltigen und friedlichen globalen Gesellschaft im 21. Jahrhundert sicherstellen soll.[30]

IM JAHR 1987 hat Mercedes ein außergewöhnliches Erlebnis in der Carnegie Hall in New York.[11] Ihr Auftritt ist zu Ende, und sie wartet darauf, dass der Applaus aufhört, aber das Publikum steht auf und klatscht weiter. Sie verbeugt sich bescheiden und sagt: „Gracias, Muchas Gracias". Der Applaus hat drei Minuten gedauert. Sie erwartet, dass er bald aufhört, und breitet ihre Arme zum Publikum aus, als ob sie es umklammern wollen würde, während sie sagt: „Ich liebe euch. Ich danke euch für eure Liebe. Ich liebe euch alle. Danke, dass ihr gekommen seid."

Der Beifall wird noch intensiver. Sechs Minuten sind vergangen. Die Leute stehen immer noch. Mercedes ist überwältigt. Sie hätte nie gedacht, dass sie außerhalb Lateinamerikas so gut ankommen würde. Sie hat sich nie um Popularität oder Ruhm bemüht. Hier in den Vereinigten Staaten zu sein und eine stehende Ovation wie diese zu erhalten, übersteigt ihre kühnsten Träume.

Mercedes schließt die Augen und saugt diesen Moment in sich auf, und ihr Leben zieht wie ein Film hinter ihren Augenlidern vorbei. Hier ist sie, das kleine Mädchen, das immer gesungen hat, sogar auf dem Friedhof, und wird geehrt – nicht nur wegen ihrer Stimme und ihrer künstlerischen Fähigkeiten, sondern auch wegen des Lebens, das sie gelebt hat, und des Preises, den sie bereit war zu zahlen, weil sie für ihre Überzeugungen und das Streben nach einer besseren Welt immer eingestanden ist.

Sie fühlt sich demütig, nachdenklich und dankbar. „*Gracias a la Vida*" hat ihr noch nie so viel bedeutet wie in diesem Moment. Sie glaubt mehr denn je, dass das, wofür sie kämpft, nicht vergeblich ist.

Mercedes bleibt noch einige Minuten mit geschlossenen Augen stehen, bevor sie sich wieder an das Publikum wendet. Mit Tränen auf den Wangen sagt sie: „Danke, meine geliebten Freunde. Ich küsse euch alle. Ich danke euch sehr." Mehr als zehn Minuten sind vergangen, bevor sie tief bewegt die Bühne verlässt. Die Ovation reißen nicht ab, bis sie gegangen ist.

IM SOMMER 1988 unternimmt Mercedes zusammen mit der amerikanischen Sängerin Joan Baez und dem deutschen Sänger Konstantin Wecker eine Konzerttournee durch Westdeutschland, die Schweiz und Österreich. Es ist eine schöne Zeit für alle drei, denn sie haben ein herzliches Verhältnis, das auf der Bühne viel Platz für Spaß und Spontaneität lässt. Eines der Konzerte wird als DVD veröffentlicht: *Three Worlds, Three Voices, One Vision*.[31] Die Künstler singen abwechselnd, und Mercedes macht einen nachhaltigen Eindruck auf Joan Baez:

„Mercedes Sosa hat sich einen internationalen Ruf erworben, indem sie ihre politischen und sozialen Anliegen mit ihrer Musik verbindet, indem sie echte Kunst mit den Dingen kombiniert, an die sie glaubt. Klein und stämmig, aber mit der gebieterischen Bühnenpräsenz einer andinen Erdmutter und einer warmen, aber durchdringenden Altstimme, hält sie eine Balance zwischen Handwerk und Überzeugung aufrecht, die ihre Musik mit einer brennenden Ehrlichkeit und Kraft ausstattet. Ich habe noch nie etwas Vergleichbares gesehen. Sie ist ein wahres Monument, eine brillante Sängerin mit ungeheurem Charisma, die sowohl eine Stimme verkörpert als auch eine Persönlichkeit ist. Sie sieht vielleicht nicht aus wie Tina Turner, aber sie kann ein Publikum von der Bühne aus in ihren Bann ziehen. Als wir zusammen auf Konzerten sangen, weinte ich manchmal während ihres gesamten Auftritts. Das war ihr peinlich, aber eines Abends ging ich auf die Knie und küsste ihre Füße. So sehr hatte mich Musik schon lange nicht mehr bewegt. Für mich ist sie einfach die Beste aller Interpreten."[11]

Im Oktober desselben Jahres nimmt Mercedes an einem von Amnesty International organisierten internationalen Musikfestival in Buenos Aires teil, wo sie mit ausländischen Künstlern wie Peter Gabriel und Sting auftritt, mit denen sie gemeinsam *„They Dance Alone"* singt. Es handelt von den Verschwundenen in Argentinien und ist eine Hommage an die Mütter der Plaza de Mayo, die während des gesamten Konzerts, das vom argentinischen Fernsehen übertragen wird, auf der Bühne stehen.

Auch Bruce Springsteen nimmt an dem Festival teil. Er ist gerade von einem Konzert in Ostberlin zurückgekehrt, wo 300.000 Menschen versammelt waren, obwohl es nur 160.000 verkaufte Karten gab. Mitten im Konzert in Berlin hat er eine Ansprache gehalten, in der er sagte: „Ich bin weder für noch gegen eine Regierung. Ich bin gekommen, um für euch Rock'n'Roll zu spielen, in der Hoffnung, dass eines Tages alle Mauern niedergerissen werden." Auf dem Platz war es ganz still geworden. Die Leute hatten den Atem angehalten, um zu sehen, wie die Polizei reagieren würden. Aber als sie merkten, dass die Behörden sich zurückhielten, weil sie zu viele waren, begann die Menge hemmungslos zu jubeln.[32]

Es sind nicht das Konzert oder die Rede an sich, die am 9. November 1989 die Berliner Mauer zum Einsturz bringen, aber gemeinsam tragen sie dazu bei, dass die ostdeutschen Bürger den Mut finden, auf die Straße zu gehen und ihre Freiheit zu fordern. Die Ereignisse bestätigen Mercedes, dass die Kunst die Welt mehr beeinflussen kann als die Politik. „Die Kultur ist die wichtigste Revolution. Regierungen sind nicht von Dauer. Die Kultur ist die größte Macht",[33] erklärt sie und fährt fort, ihre Kunst und ihr Charisma zu nutzen, um eine bessere Welt zu schaffen.

MERCEDES ERHÄLT häufig Einladungen zu Fernseh- und Talkshows. Im Jahr 1993 nimmt sie an einer Jugendsendung teil, die von der beliebten brasilianischen Moderatorin Maria da Graça Xuxa Meneghel, besser bekannt als Xuxa, moderiert wird. Das Studio ist voll von aufgeregten jungen Leuten, die jubeln, als Xuxa Mercedes ins Studio führt. Es ist kurz vor Weihnachten, und so beginnt Mercedes mit „Ay Navidad" (Oh Weihnachten), was alle zum Mitklatschen animiert. Danach umarmt sie die Musiker und auch Xuxa, die sie offensichtlich sehr gern hat und immer wieder ihre Hand hält und streichelt. Im Hintergrund skandieren die Jugendlichen: „Olé, Olé, Olé, Olé. Negra, Negra." Mercedes wünscht allen ein frohes Weihnachtsfest und ist schon auf dem Weg nach draußen, als Xuxa und die jungen Leute anfangen, „Y Dale Alegría a Mi Corazón" (Und gib meinem Herzen Freude) zu singen.

Im Studio ist es fast wie im Fußballstadion, und die Temperatur steigt, während die enthusiasmierten jungen Leute hüpfen und tanzen. Vielen rinnt der Schweiß von der Stirn, als sie den Refrain des Liedes immer wieder wiederholen.

Obwohl Mercedes schon auf die Sechzig zugeht, ist sie fit genug, mit den jungen Leuten zu tanzen. Entschlossen ergreift sie das Mikrofon und singt mit. Mitten im Lied bemerkt sie ein kleines Mädchen mit Down-Syndrom, das versucht, sich den Weg zu ihr zu bahnen. Mercedes hört auf zu singen, verbeugt sich und reicht ihr das Mikrofon. Das Mädchen beginnt mitzusingen, während Mercedes ihr über die Haare streicht. Als das Lied aus ist, blickt Mercedes mit Zärtlichkeit, Stolz und Zustimmung auf das Mädchen und strahlt dann das Publikum an, mit einem Lächeln, das ohne Worte die Botschaft vermittelt, dass jeder auf seine eigene Art schön ist und Liebe und Anerkennung verdient hat.[34]

BIS IN die achtziger und neunziger Jahre hinein ist Mercedes ständig auf Achse. Sie gibt Hunderte von Konzerten in Lateinamerika, und fast jedes Jahr veröffentlicht sie ein neues Album. Wenn sie nicht auf Reisen ist, ist das Studio ihr zweites Zuhause. Aber wichtiger als all die Einnahmen und die Auszeichnungen, die sie erhält, ist die Wertschätzung, die ihr von den Menschen entgegengebracht wird, wohin sie auch geht. Sie hat nie nach Ruhm oder Anerkennung gestrebt, sondern wurde von dem Wunsch angetrieben, eine echte Beziehung zu den einfachen

Menschen aufzubauen. Sie hat bewusst auf dieses Ziel hingearbeitet, indem sie stets zugänglich ist und aufmerksam zuhört, wenn jemand mit ihr spricht. „Ich habe mich bemüht, die einfachen Leute zu erreichen, die Menschen in den Armensiedlungen, und ich habe es anfangs nie geschafft. Es war fast zum Verzweifeln für mich. Ich habe viele Jahre gebraucht, um die Liebe dieser Menschen und ihre Verbundenheit zu erlangen",[25] gibt sie zu.

Jetzt kann sie kaum mehr einen Schritt vor die Tür setzen, ohne dass sie auf Anhänger trifft, die sie freundlich grüßen und mit ihr reden wollen. Wenn sie manchmal auf ihren bevorzugten Straßenmärkten in Buenos Aires spazieren geht, scharen sich die Leute um sie und bitten sie, zu singen. Manchmal gibt sie nach und die Menge stimmt mit ein.

Dieser Ruhm hat sie allerdings nicht verdorben. Sie bleibt bodenständig, eine Eigenschaft, die die Leute so an ihr schätzen. Es macht ihr nichts aus, spontane Gespräche mit ihren Anhängern - ganz alltägliche Menschen – zu führen. „Ich gehöre zum Volk und werde auch weiterhin zum Volk gehören", sagt sie. Aus diesem Grund mag sie es auch nicht, als Diva bezeichnet zu werden. „Ich hasse dieses Wort. Ich bin eine Volkssängerin."[25]

An einem ihrer wenigen freien Tage macht sie einen Spaziergang zum alten Hafen La Boca in Buenos Aires. Auf dem Weg dorthin wird sie wie üblich angesprochen, und da sie es nicht eilig hat, nimmt sie sich die Zeit, sich mit ihren Bewunderern zu unterhalten. Ein älterer Mann kommt aus seinem Haus und überreicht ihr ein Geschenk – eine Keramikschale mit kleinen Scherben. Sein Hemd ist voller Löcher und einige seiner Zähne fehlen. Er umarmt sie, und sie erwidert seine herzliche Umarmung und dankt ihm für das Geschenk, das wahrscheinlich das Einzige ist, was er ihr geben kann.[25]

Am Hafen angekommen, sieht sie Berge von Alteisen und alte Schiffswracks, die sie an die sieben Millionen Einwanderer erinnern, die im späten neunzehnten und frühen zwanzigsten Jahrhundert aus Europa nach Argentinien kamen, Menschen, die vor Krieg und Hunger flohen und davon träumten, ein besseres Leben zu beginnen. „Dieser Teil von Buenos Aires hat mich immer sehr berührt. Es ist eine ganz besondere Gegend. Wenn ich diese Schiffe sehe, denke ich daran, wie weit die Menschen gereist sind und welchen Preis sie bezahlt haben, um hierher zu kommen. Aber die Herzen der Arbeiter sind eingerostet, und nur Frieden und Demokratie können ihnen helfen", sagt sie in dem 1985 veröffentlichten Dokumentarfilm *Sera Posible El Sur* (Der Süden Wird Möglich Sein).

Sie verlässt den Hafen und geht weiter in das Zentrum von La Boca. Als sie sich umschaut und die kunterbunt gestrichenen, Fröhlichkeit ausstrahlenden Häuser in der Umgebung des Hafens sieht, stellt sie fest, dass es hier genauso aussieht wie in Italien, wo sie solche farbenfrohen Häuserzeilen auch oft gesehen hat. Und in der Tat waren es vor allem italienische Einwanderer, die sich nach der Überfahrt von Europa hier in La Boca niederließen. Allerdings sind die meisten von ihnen auch hier hängen geblieben. Nur wenige der heutigen Bewohner von La Boca haben das Leben gefunden, das sie sich ursprünglich erträumt hatten. Viele waren Bauern, die in einem neuen Land ihre eigenen Felder bewirtschaften wollten, aber damals gehörte nahezu alles Land in Argentinien den Großgrundbesitzern, und es gab keinen Platz für sie. Und so saßen die meisten in Buenos Aires fest und waren gezwungen, am Hafen, bei der Eisenbahn oder in der Industrie zu arbeiten. La Boca ist ein Arbeiterviertel, und die Menschen hier arbeiten immer noch hart, um ihren Lebensunterhalt zu verdienen. Wenn Mercedes über die argentinische Identität und Geschichte nachdenkt, fällt ihr ein Bonmot ein, das oft verwendet wird, um die Argentinier zu beschreiben:

„Die Mexikaner stammen von den Azteken ab, die Peruaner von den Inkas und die Argentinier von den Schiffen."

An einer Straßenecke trifft sie auf zwei junge Männer in schmutziger blauer Arbeitskleidung. In ihrem Kopf stellt sie eine Verbindung zwischen diesen Männern mit den ölverschmierten Händen und den Gedanken her, die sie sich gerade über die Einwanderer gemacht hat. Sie hat Sympathie für die beiden jungen Männer, die schüchtern dastehen und nicht wissen, was sie tun oder sagen sollen, als sie bemerken, dass gerade eine Ikone der Musikwelt mitten durch ihr Viertel spaziert.

Mercedes streckt die Arme nach ihnen aus. Sie legt beide Hände auf die Wangen eines der Jungen, hält inne und blickt ihm in die Augen. In diesem Moment vermittelt sie nichts als Liebe, Mitgefühl und Stolz. Wie eine Mutter, die ihren Sohn mit einer warmen und zärtlichen Geste erfasst, sendet sie ihm mit ihrem Blick die wichtigste Botschaft, die ein menschliches Wesen jemals erhalten kann. Ein Blick, der sagt: „Ich sehe dich. In meinen Augen bist du wunderbar." Sie küsst ihn auf beide Wangen, bevor sie ihre Hände auf seine Schultern gleiten lässt, wo sie sie anerkennend eine Weile ruhen lässt. Dann wendet sie sich dem anderen jungen Mann zu, um ihm die gleiche

Aufmerksamkeit zuteilwerden zu lassen. Den Arm um die Schultern eines der Männer gelegt, geht sie mit ihnen gemeinsam die Straße hinunter und beginnt, sich mit ihnen in eine Unterhaltung zu vertiefen.[25]

Mercedes hat eine einzigartige Fähigkeit entwickelt, Menschen so zu sehen und zu schätzen, wie sie sind. Es macht sie glücklich, den Menschen so nahe zu kommen, aber es macht sie auch müde, so oft die Last der anderen zu tragen und kaum Zeit für sich selbst zu haben. Es gibt Momente, in denen sie sich wünscht, sie wäre einfach nur ein gewöhnlicher, anonymer Mensch. „Diejenigen, die ein Privatleben führen, müssen glücklich sein", sagt sie einmal.

Sie hat die Nähe zu den Menschen gewonnen, wie sie sich das immer erhoffte, aber das hat auch seinen Preis.

Mercedes Sosa mit dem britischen Musiker Sting

Mercedes bei einem Interview in ihrer Wohnung in Buenos Aires am 7. Mai 1999. Sie nutzte Interviews oft als Gelegenheit, um sich für die Menschen in Lateinamerika auszusprechen. „Die Menschen in Lateinamerika sind ein leidendes Volk. Sie sind ein sehr armes Volk. Sie haben diese Armut nicht verdient. Wir sind wirklich um so viel beraubt worden", erklärt sie häufig.

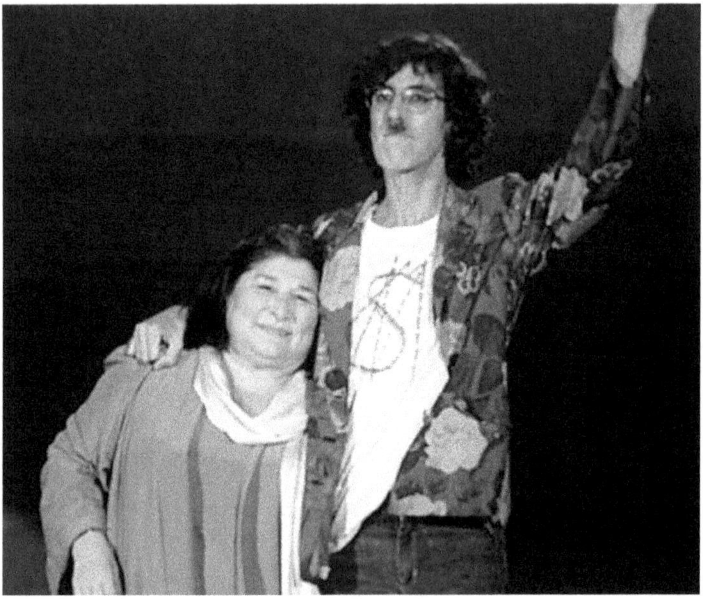

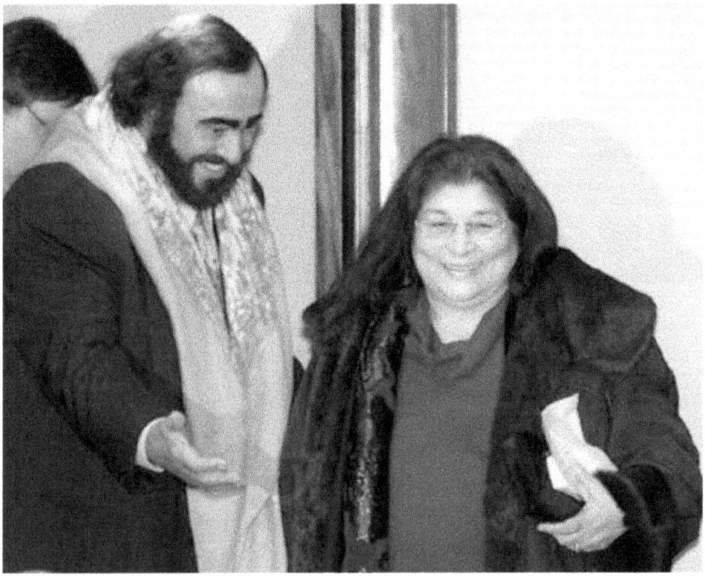

Oben: Der argentinische Ex-Präsident Raúl Alfonsin auf einem Archivfoto vom 20. Juni 2007. Alfonsin war von 1983 bis 1989 Präsident und erntete internationale Beachtung, als er die ehemaligen Militärführer, die während ihrer Herrschaft Tausende gefoltert und getötet hatten, vor Gericht stellte und viele ins Gefängnis brachte.

Oben links: Mercedes Sosa in einer Umarmung mit dem argentinischen Rockstar Charly Garcia, 27. Januar 1997.

Unten links: Der italienische Tenor Luciano Pavarotti begleitet Mercedes Sosa in den Ballsaal eines örtlichen Hotels in Buenos Aires, wo sie am 20. April 1999 eine Pressekonferenz abhalten. Pavarotti und Sosa singen zum ersten Mal gemeinsam auf einem Konzert im Fußballstadion der Boca Juniors in Buenos Aires am 23. April 1999.

Basta de
tortura
en las
NO
A LA
Reparación
Económica
CREAMOS
LA PLAZA
PARA
LUCHAR

Oben: Die frühere argentinische Präsidentin Cristina Fernández de Kirchner hält die Hand von Estela de Carlotto, Präsidentin der Menschenrechtsorganisation Großmütter der Plaza de Mayo, und Jorge Castro Rubel, der als Kleinkind von den Militärs entführt worden war. Seine Eltern waren Opfer der Verfolgungen in Argentinien, und er hatte gerade seine wahre Identität entdeckt.

Oben links: Der argentinische Rockstar Charly Garcia umarmt eine der Gründerinnen der Mütter der Plaza de Mayo, Hebe de Bonafini während eines öffentlichen Konzerts in Buenos Aires, 27. Februar 1999.

Unten links: Mitglieder der Menschenrechtsgruppe Großmütter der Plaza de Mayo versammeln sich am 27. Juni 1996 vor dem argentinischen Regierungsgebäude zu ihrem eintausendsten wöchentlichen Donnerstagsmarsch.

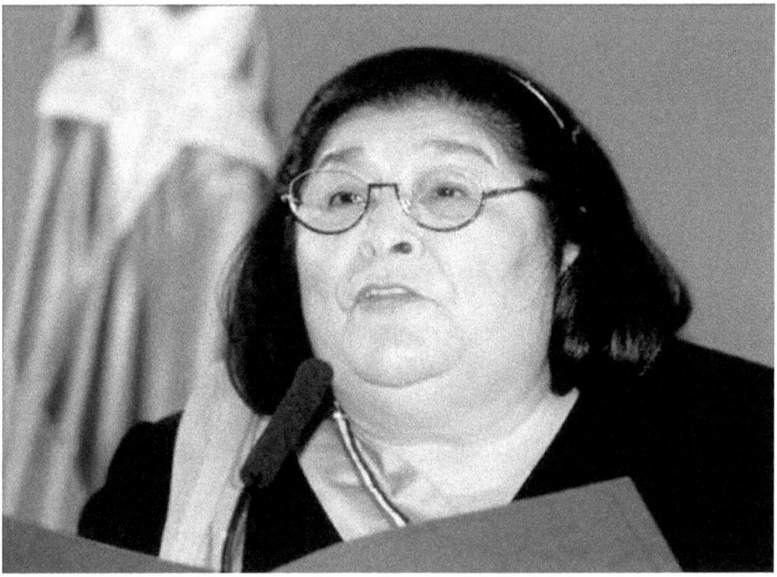

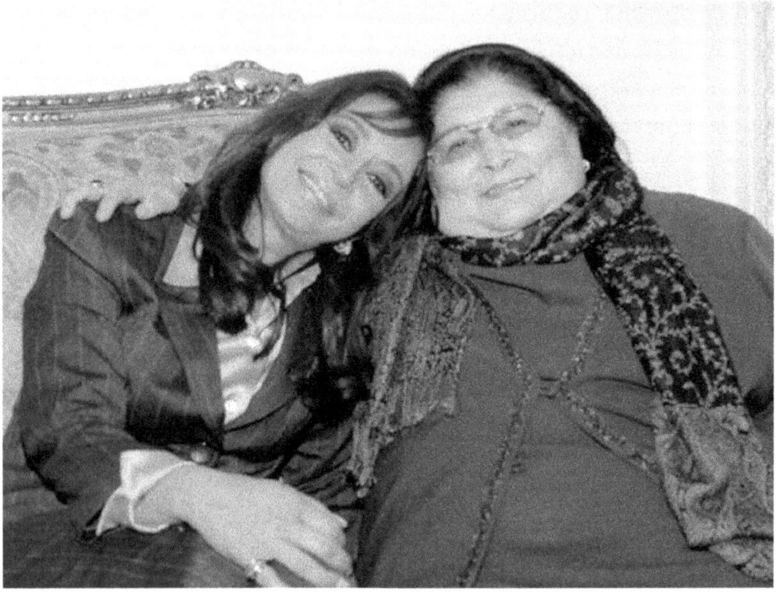

Oben: Der ehemalige argentinische Diktator Jorge Rafael Videla wird am 13. Juli 2012 von argentinischen Polizisten in Handschellen zu einem Gerichtsgebäude am Stadtrand von Buenos Aires eskortiert. Videla verteidigt den Krieg gegen sein eigenes Volk mit den Worten: „Die Unterdrückung betraf nur eine Minderheit, die wir nicht zu den Argentiniern zählten."

Oben links: Während des Rio-Plus-Fünf-Umweltforums in Rio de Janeiro am 16. März 1997 fragt ein Journalist Mercedes nach der Situation der Landlosen, die immer noch nicht gelöst sei. Sie antwortet: „Es ist absurd, einfach absurd, dass dieses Problem existiert. Nicht nur in Brasilien, sondern in der ganzen Hemisphäre."

Unten links: Mercedes Sosa und die frühere argentinische Präsidentin Cristina Fernández de Kirchner im Jahr 2008 in Buenos Aires.

Mercedes nimmt oft ihren langen Schal ab und schwingt ihn über ihrem Kopf, während sie auf der Bühne tanzt. Sie strahlt Wohlbehagen aus und lässt den Funken zu ihrem Publikum überspringen. Nachdem sie aus dem Exil zurückkehrt, ist sie noch viel aufgeschlossener und ihre Bühnenpräsenz ist immens.

Mercedes Sosa und Fito Páez bei der Aufnahme des Doppelalbums Cantora im Jahr 2009.

Mercedes Sosa singt bei einem Konzert im Metropolitan Theater in Mexiko-Stadt am 19. Oktober 2000.

Aquarell von Gustavo Leonel Muñoz Cervio
"Proyecto Cultural Mercedes Sosa Por Siempre"
(Kulturprojekt Mercedes Sosa Für Immer)

Krankheit und letzte Jahre

ES IST SPÄT in der Nacht. Mercedes liegt allein in ihrem Bett in der Dunkelheit und hört den Wecker ticken, während sie sich hin und her wälzt. Sie steht auf, macht sich ein Glas heiße Milch, trinkt es und legt sich wieder hin. All die Eindrücke von den Aufnahmen des neuen Albums mit Charly García, Alta Fidelidad (Hohe Klangtreue), schwirren in ihrem Kopf herum wie ein U-Bahn-Zug in der Hauptverkehrszeit. Ein Gedanke jagt den anderen. Wie sind die Aufnahmen gelaufen? Haben sie irgendwelche Fehler gemacht? Können sie es morgen besser machen? Ihre Erwartungen an sich selbst als Künstlerin rauben ihr die Energie. Sie will, dass alle ihre Aufnahmen perfekt sind, denn sie weiß, dass sie für die Ewigkeit gemacht sind.[15] Ihr Perfektionismus war schon immer eine ihrer größten Herausforderungen – ein Nährboden für Sorgen, aber auch für neue Ideen. Sie weiß, dass sie morgen Korrekturen vornehmen wird, und allein der Gedanke daran macht sie müde.

Mercedes' Gedanken beschäftigen sich nicht nur mit dem nächsten Tag, sie schweift auch in die Vergangenheit zurück. Es gibt so viele Eindrücke aus dem bewegten Leben, das sie hinter sich hat. Die Jahre im Exil und der Tod von Pocho zehren noch immer an ihr. Manchmal, wenn sie von Menschen umgeben ist, wünscht sie sich, allein zu sein. Doch wenn sie allein ist, vermisst sie wiederum die Menschen um sich herum. Instinktiv weiß sie, dass sie die dunklen Gedanken in Schach halten kann, solange sie sich beschäftigt. Ihre Erinnerungen sind wie kleine graue Wolken, die am Himmel vorüberziehen. Sie sagt: „Wenn ich in eine Depression gerate, füllt sich mein Kopf mit der Farbe Grau. Ich werde überschwemmt. Die Farbe Grau ist ernst, sehr ernst. Es ist, als ob eine dunkle Wolke mich überwältigt. Ich muss mich schützen und dieser Farbe entkommen."[3] Es ist drei Uhr morgens, als es ihr endlich gelingt, die grauen Wolken zu vertreiben und einzuschlafen. In weniger als fünf Stunden muss sie wieder aufstehen und die Aufnahmen machen.

Sie ist müde, als sie aufwacht, aber das Grau ist verschwunden. Doch wenn es wieder Nacht wird, fängt es von vorne an. Wenn der letzte Vorhang fällt, wenn die Lichter auf der Bühne gelöscht werden, sie nach Hause geht und die Wohnungstür hinter sich verschließt, schleicht sich die Farbe Grau wie ein Ungeheuer heran, das sie verschlingen will.

1997, nach Abschluss der Aufnahmen von *Alta Fidelidad*, legen sich die grauen Wolken schließlich wie eine schwere Decke über Mercedes. Ihr ganzes Leben lang war sie von ihrer Arbeit und ihrem Erfolg beflügelt, doch nun ist es an der Zeit, die Rechnung dafür zu bezahlen, dass sie nicht auf die Signale ihres Körpers und ihrer Seele gehört hat, die sich immer wieder bemerkbar machten. Eines Morgens kann sie nicht aus dem Bett aufstehen und bleibt liegen. Aus allen Ecken ihres Kopfes tauchen verdrängte Erinnerungen auf. Ihr System ist überlastet, sowohl mit den guten als auch mit den schlechten Gedanken. Ihr schwirrt der Kopf und es schmerzt.

Beim Gedanken an Nahrung wird ihr übel, sie hört auf zu essen und trinkt zu wenig Flüssigkeit, obwohl Fabián sie immer wieder versucht, sie umzustimmen. Fünf Wochen lang isst sie nur ein paar Weintrauben pro Tag und nimmt auch in den darauffolgenden fünf Monaten so wenig zu sich, dass sie dreißig Kilo abnimmt. Sie wird so schwach und dehydriert, dass sie Hilfe braucht, um aus dem Bett aufzustehen und auf die Toilette zu gehen. Manchmal ist sie verwirrt und hält ihr Schlafzimmer für ein Hotelzimmer. Sie will nur noch sterben, und ihr Arzt sagt ihr, dass sie das tun wird, wenn sie nicht anfängt, auf sich aufzupassen.[4]

Er gibt ihr Injektionen und verschreibt ihr Antidepressiva. Langsam beginnt sie wieder zu essen, aber was sie zu sich nimmt, kommt wieder hoch. Eines Tages versucht sie, aus dem Bett aufzustehen, schafft es aber nur zehn Meter, bevor sie zusammenbricht. Als sie später einen Blick in den Badezimmerspiegel wirft, ist sie entsetzt über den Anblick ihres ausgelaugten Körpers.

Ihr Arzt und ihr Psychiater diagnostizieren einstimmig eine schwere Depression und geben dem europäischen Exil und der jahrelangen schweren Arbeit die Schuld. Mercedes pflichtet ihnen bei. „Ich hätte nie gedacht, dass ich Probleme habe. Doch die Probleme waren im Inneren, tief im Inneren,"[19] schlussfolgert sie.

Mercedes möchte in Ruhe gelassen werden, und die einzigen Menschen, die sie sieht, sind Fabián, ihr Arzt, und Maria, eine Haushaltshilfe, und die beiden letzteren empfängt sie nur, weil sie es muss. Manchmal wird sie wütend, wenn sie in ihr Zimmer kommen, besonders, wenn sie ihr Essen bringen.

Nach fast einem Jahr in Zurückgezogenheit fragt eine junge Sängerin aus Bolivien an, ob sie Mercedes besuchen darf. Mercedes ist angetan von ihr und macht eine Ausnahme. Das Mädchen betritt Mercedes' Schlafzimmer und ist schockiert, sie blass und erschöpft in ihrem Bett liegen zu sehen. Sie sucht eine Zeitlang nach passenden Worten. Dann teilt sie Mercedes mit, dass sie die „Bolivianischen Mütter" bitten wird, einen besonderen Vogel zu schicken, der für sie singt und sie aufmuntert. Am nächsten Morgen hört Mercedes ein wunderschönes Zwitschern vor ihrem Fenster. Sie hat diesen Vogel noch nie zuvor gehört und hört ihn auch nach diesem Tag nie wieder.[4]

Mercedes ist mit den Normen des Katholizismus aufgewachsen und hat die Religion anderer immer respektiert, aber sie hat Religion in ihrem persönlichen Leben noch nie eine aktive Rolle spielen lassen. Jetzt, in einem der dunkelsten Abschnitte ihres Lebens, richtet sich ihre Wut und Frustration gegen Gott, den sie für all die Ungerechtigkeit verantwortlich macht, die ihr widerfahren ist.

Auf diese Weise schleust sie einen Teil ihrer Wut und ihres Grolls aus ihr heraus, und auf einmal spürt sie, dass sich wieder etwas in ihr regt. Plötzlich wandelt sich die Bitterkeit in Dankbarkeit für das Leben, und statt weiterhin sterben zu wollen, sagt sie: „Ich habe fünf Monate im Bett verbracht, konnte nicht gehen und dachte, ich würde nie wieder etwas in meinem Leben tun können. Jetzt habe ich wieder so viel Liebe zum Leben. Ich freue mich über das Leben. Das Leben ist großartig. Ich habe gemerkt, dass wir das Leben oft für selbstverständlich halten. Ich habe Frieden mit Gott geschlossen. Wenn man krank ist, weiß nur man selbst, wie sehr man leidet. Die Krankheit hat mich näher zu Gott gebracht. Ich bin wieder mit ihm vereint."[6]

Nach dieser Erfahrung findet Mercedes schließlich die innere Kraft, aufzustehen und mit der Unterstützung ihrer Familie und Freunde ins Leben zurückzukehren. Das Grau ist immer noch da, aber sie hat keine Angst mehr davor. Sie hat gelernt, damit umzugehen, und ist fest entschlossen, sich nicht mehr davon niederringen zu lassen.

Nach einem Konzert in Miami im Jahr 2007 sagt sie rückblickend in bewegten Worten: „Ich bin so dankbar, dass Gott mir diese zweite Chance gegeben hat. Ich habe nie an Gott geglaubt, aber als meine Krankheit vor ein paar Jahren ihren Höhepunkt erreichte, war ich so verzweifelt, dass ich zu ihm sagte, genau wie Christus: ‚Gott, warum hast du mich verlassen?', weil ich mich verlassen fühlte. Und es war ein Wunder, ich begann zu gesunden."[20]

DIE DEPRESSION hat sie fast ein Jahr lang vom Rampenlicht ferngehalten. Sie ist jetzt dreiundsechzig Jahre alt und fühlt sich alles andere als energiegeladen. Der Gedanke an weitere Reisen durch die ganze Welt lässt sie darüber nachdenken, ob es Zeit ist, sich zur Ruhe zu setzen, und sie bezweifelt, dass ein Wiedereinstieg in ihrem Alter überhaupt noch möglich ist. Ein Teil von ihr möchte zur Ruhe kommen und mehr Zeit mit ihrer Familie verbringen, doch ein anderer Teil möchte so lange wie möglich für die Menschen singen. Sie hat sich noch nicht entschieden, aber das Leben weist ihr den Weg, als sie sich bei einem Konzert von Pablo Milanés im Luna Park in Buenos Aires zum ersten Mal nach ihrer Krankheit wieder in der Öffentlichkeit zeigt. Pablo beginnt mit dem Lied „Años" (Jahre), das er früher oft mit Mercedes gesungen hat. Sie sitzt in der ersten Reihe und er reicht ihr spontan das Mikrofon und fordert sie auf, mit ihm zu singen. Sie tut es, zum ersten Mal seit einer gefühlten Ewigkeit. Sie bleibt ganz besonnen, aber einigen ihrer Musikerkollegen, die wissen, was sie durchgemacht hat, laufen Tränen über die Gesichter. Sie bekomm einen Blumenstrauß überreicht, und das Publikum um sie herum steht auf und beginnt zu klatschen.[4] Es ist ein Moment, der Mercedes den Mut gibt, sich wieder auf die Beine zu stellen.

Die erste Anfrage, die sie nach ihrer Auszeit annimmt, ist für ein Konzert im Luna Park im Jahr 1998. Ihre Befürchtungen, das Publikum würde sich von ihr abwenden, sind verflogen. Ihr Lampenfieber hat sie lang überwunden, und auch die Beschämung wegen ihres Übergewichts. Sie bewegt sich wieder selbstbewusst auf der Bühne, als wäre es ihr zweites Zuhause. Sie verwandelt es gewissermaßen in ein gemütliches Wohnzimmer, mit einem großen Stuhl in der Mitte. Das Publikum ist eingeladen, ihre persönlichen Gäste zu sein. Sie schenkt ihnen auf lockere und humorvolle Weise ihre ungeteilte Aufmerksamkeit. Sie lacht viel und bringt ihr Publikum zum Mitlachen. Mit ihrer prägnanten Stimme führt sie einen scheinbar persönlichen Dialog mit Tausenden von Menschen, wenn sie zwischen ihren Liedern spontan zum Plaudern ansetzt. Auf einer riesigen Leinwand über der Bühne kann das Publikum ihre Gestik und Mimik bis ins kleinste Detail mitverfolgen.

Sie überrascht sich selbst und ihr Publikum mit der Energie, die sie während ihres Auftritts ausstrahlt. Ein Journalist fragt sie hinterher, woher sie all ihre Kraft nimmt. Sie antwortet: „Ich habe keine Ahnung. Ich habe mich eigentlich sehr, sehr schwach gefühlt."[35] Doch nach einer Weile bemerkt sie, dass beim Singen etwas Positives mit ihr passiert, das zu ihrer Selbstheilung beiträgt.

Sie beginnt auch wieder mit Aufnahmen. Die erste nach ihrer Krankheit ist *Misa Criolla (Kreolische Messe)*, ein spirituelles Musikalbum, zu der sie von dem argentinischen Komponisten Ariel Ramírez eingeladen wird. Mercedes sieht es als ein Zeichen von oben, dass die Aufnahme genau dann stattfindet, als sie ihren Frieden mit Gott geschlossen hat. Ebenso hält sie es für keinen Zufall, dass das Album in Israel aufgenommen wird.[6] Sie ist nicht im traditionellen Sinne religiös geworden und hat nicht das Gefühl, ihre Lebensweise daran anpassen zu müssen, aber ihre neu gefundene Spiritualität hat ihr eine göttliche Präsenz in ihrem Inneren bewusst gemacht. Auch wenn sie sich nie viel um Religion kümmerte, hat sie auch nie gegen Gott angesungen oder gegen den Glauben polemisiert. Sie hat die Religion der anderen immer respektiert, insbesondere die ihrer Mutter.[36] Ema war ihr ganzes Leben lang ein Vorbild für Mercedes, wenn es darum ging, Religion in die Praxis umzusetzen, indem sie wohltätig war. Den Nächsten zu lieben wie sich selbst, ist auch für Mercedes die allgemeine Leitlinie. Ansonsten spricht sie nicht viel über ihren Glauben oder ihr Gottesbild. Das muss sie auch nicht. Ihre Taten sprechen lauter als ihre Worte, und durch ihre Art, in dieser Welt zu leben, ist sie tief mit der Liebe verbunden – vielleicht so tief, dass die Liebe ihr Glaube ist.

MERCEDES IST ihrer Mutter immer sehr nahegestanden. Eines Abends, als sie bei Freunden ist, spürt sie plötzlich, dass jemand hinter ihr steht und ihr die Hand auf die Schulter legt, so wie es ihre Mutter immer getan hat. Mercedes dreht sich um, aber es ist niemand da. Einige Minuten später erhält sie einen Anruf, dass ihre Mutter einen Zusammenbruch erlitten hat. Auch wenn es kein wirklicher Schock ist – ihre Mutter ist alt und seit langem krank –, trifft es Mercedes tief. Am 27. April 2000 stirbt ihre Mutter im Alter von neunundachtzig Jahren.[4]

Jedes Mal, wenn Mercedes jemanden verliert, den sie liebt, wird ihre innere Trauer größer. Aber dieses Mal weiß sie, dass sie sich ihr stellen muss, anstatt sich davon zu überwältigen lassen. Sie versucht, ein Gleichgewicht zu finden und sich Zeit für die Trauer zu nehmen, ohne dass sie das Grau wieder überfällt. Trost und Kraft findet sie in ihrer letzten Einspielung *Misa Criolla*, die dem starken Glauben ihrer Mutter an Gott Tribut zollt. Für *Misa Criolla* erhält sie ihren ersten Grammy, den Latin Grammy Award für das beste Folk-Album.

OBWOHL SIE durch die Anstrengungen ihres bisherigen Lebens körperlich geschwächt ist und das Alter sich langsam bemerkbar macht, ist Mercedes entschlossen, ihre Karriere voranzutreiben. Aber sie merkt, dass sich etwas verändert hat. „Nach der Depression im Jahr 1997 und dem Tod meiner Mutter im Jahr 2000 fühlte ich ständig eine Art Empfindlichkeit", sagt sie.

Sie weint öfters, wenn sie allein ist, und auch vor anderen Menschen. Manchmal wird sie von der Dankbarkeit schier überwältigt, am Leben zu sein, für Menschen singen zu können und im Gegenzug so viel Liebe zu erhalten. „Ich singe für die Menschen, weil ich sie liebe",[25] sagt sie und fügt hinzu, dass es die Erwiderung dieser Liebe ist, die ihr Kraft gibt.

Auch die Mühen anderer Menschen berühren sie. Nach manchen ihrer Auftritte nimmt sie sich Zeit, mit den Leuten zu sprechen und sich ihre Geschichten anzuhören, wie sie es zum Beispiel nach einem Konzert in den Niederlanden tat. Christel Veraart, eine holländische Komponistin und Sängerin, sagt zum Beispiel: „Ich lernte Mercedes Sosa über einen guten Freund von mir kenne, der gleichzeitig ihr Tourmanager war. Ich fühlte mich privilegiert, sie treffen zu können, und erinnere mich, wie beeindruckt ich von ihrer Anmut und Bescheidenheit war, als sie sich nach einem langen, abendfüllenden Konzert mit einer Reihe von Bewunderern traf. Wenn sie müde gewesen sein sollte, hat das niemand bemerkt. Sie war voll und ganz auf jede Geschichte konzentriert, die ihr an diesem Abend erzählt wurde. Es war beeindruckend!" [37]

Am Abend nach einem Konzert auf einem Volksfest in Tunyan, 140 Kilometer südlich von Mendoza, erzählt Mercedes' Bassist Carlos Genoni ihr, dass er einen ihrer Fans an der Rezeption des Grand Hotels getroffen hat. Der Fan, Luis Plaza Ibarra, ist extra aus Schweden angereist, um Mercedes live zu erleben, kann aber keine Unterkunft finden, da alle Hotels in der Gegend ausgebucht sind. Als Mercedes davon erfährt, schickt sie eine Mitarbeiterin, die Luis einlädt, sie nach dem Konzert hinter der Bühne zu treffen. Die Sicherheitskontrollen lassen ihn ohne Probleme durch, als er ihnen sagt, dass Mercedes ihn eingeladen hat. Hinter der Bühne trifft er zunächst Fabián, der ihm sagt, dass seine Mutter sehr schwach ist und er nicht sicher ist, ob sie ihn sehen kann. Doch trotz ihrer schwachen Verfassung taucht Mercedes plötzlich auf. Als Luis ihr Auge in Auge gegenübersteht, kann er nicht kaum mehr klar denken, ergreift einfach ihre Hand und sagt: „Danke, danke für alles", worauf Mercedes antwortet: „Hast du einen Platz zum Schlafen für heute Nacht gefunden?" Diese Begegnung ist der Beginn einer Freundschaft, die nie enden sollte, und Luis begleitet Mercedes die letzten acht Jahre ihres Lebens auf Tournee.

Jede Krise, die Mercedes durchsteht, macht sie mitfühlender und verständnisvoller. Sie kann sich mit den Armen, den Kranken, den Einsamen und Geschiedenen, den Frauen nach einer Abtreibung, den Menschen, die ihre Angehörigen verloren haben, den Depressiven und den Suizidgefährdeten identifizieren. Da sie von all dem selbst betroffen war, kann sie einfühlsam sein und Trost spenden. Ein amerikanischer Journalist, Tom Schnabel, Radioproduzent des kalifornischen Senders *Rhythm Planet*, beobachtet einmal, wie sie sich nach einem Konzert hinter der Bühne um einen seiner Kollegen, Juan Carlos Nagel, gekümmert hat. „Ich sah, wie sie einen argentinischen Journalisten bei einem Konzert in Los Angeles hinter der Bühne in den Arm nahm. Sie kannte ihn seit den 1970er Jahren, bevor er von Argentinien nach Los Angeles ging. Er hatte AIDS im fortgeschrittenen Stadium, und beide wussten, dass es das letzte Mal war, dass sie sich sehen würden. Er verlor in der Öffentlichkeit die Fassung, fiel ihr in die Arme und rief: ‚Mama!' Sie hielt ihn liebevoll fest. Der Rest von uns verließ den Raum und kämpfte mit den Tränen. Wieder einmal wurde ich an ihre Güte und ihre Menschlichkeit erinnert. Sie war eine echte Pacha Mama, ein Inka-Wort für eine mächtige Frau, eine Erdmutter."[38]

Viele Menschen kommen nur, um an der heilenden Atmosphäre teilzuhaben, die bei ihren Konzerten zu entstehen scheint. Es ist nicht ungewöhnlich, dass einige Leute die ganze Zeit über weinen. Selbst wenn sie kein Wort Spanisch sprechen oder verstehen, wird die Botschaft durch die Art und Weise, wie Mercedes auftritt, unverständlich. Auch ohne Ton wird die Geschichte allein durch ihren Gesichtsausdruck und ihre Körpersprache erzählt. Mercedes' Sprache ist die Sprache des Herzens; sie braucht keine Interpretation. Ihr Körper, ihre Mimik, ihre Intonation stehen im Einklang mit der Emotion, die sie ausdrückt. Ihr Gesicht ist stets lebendig, und ihre markanten schwarzen Augenbrauen unterstreichen die Intensität ihrer exotischen dunklen Augen. Wenn sie lächelt, entlädt es sich in zwei weichen Grübchen, und der Klang ihres Lächelns ist in ihrer Stimme zu hören.

„Ihr Gesicht ist so unvergesslich wie die Stimme, die in ihrer Kraft und Präsenz genau zu ihr passt",[39] sagt Sandra Bertrand von der Kulturzeitschrift *Galo Magazine*.

Ihr enormer Einfluss auf alle möglichen Menschen wird deutlich, als sie nach ihrer persönlichen Krise in den Norden Argentiniens zurückkehrt. Im März 2001 gibt sie ein langes Konzert unter freiem Himmel in Santa Catalina, einer Bergbaustadt auf 3.770 Metern Höhe. Die Bühne ist auf einer kleinen Insel in einem strudelnden Fluss aufgebaut, so dass sie vom Publikum getrennt ist, das hauptsächlich aus armen Bergarbeitern besteht, die trotz des kalten Wetters gekommen sind. Mitten in der Aufführung springt plötzlich ein junger Mann in zerlumpter Kleidung in den Fluss und schwimmt in Richtung Mercedes auf die Bühne. Er zieht sein Oberleibchen aus und reicht es ihr. Mit nacktem Oberkörper drückt er sie zärtlich an sich, was sie erwidert, während sie mit dem Singen fortfährt.[40] Was geht dem jungen Mann durch den Kopf? Steht er unter Drogen oder ist er einfach einer von vielen, die das Bedürfnis haben, so gesehen und akzeptiert zu werden, wie er ist? Ist Mercedes in seiner Vorstellung zu einer Mutterfigur geworden, so wie für viele ihrer Fans? Einer, der das so empfand, war Ian Malinow, ein Korrespondent und Blogger für lateinamerikanische Musik aus Costa Rica, der sagte: „In gewisser Weise war Sosa für mich wie ein Familienmitglied. Mehr als eine Sängerin war sie für mich in meiner verdrehten, surrealistischen Welt so etwas wie eine imaginäre, um die Welt reisende Großmutter. Fragen Sie mich nicht warum, aber sie schien diese inhärente Macht über ihre treuen Zuhörer und Bewunderer zu haben."[41]

Mercedes findet nichts Absonderliches daran, dass einige ihrer Fans sie als Mutterfigur sehen. Sie bekräftigt sogar deren starke Gefühle für sie. Eines Abends bei einem Konzert geht ein junger Mann, Ignacio, inmitten einer größeren Menge zum Hintereingang des Konzertsaales in der Hoffnung, Mercedes persönlich zu treffen. „Es war ein Durcheinander, und die Aufseher teilten uns mit, dass Mercedes das Gebäude bereits verlassen hat," erzählt er.

„Ich konnte aber sehen, dass Fabián noch da war und mit seinem Handy telefonierte, also nahm ich an, dass Mercedes auch noch in der Nähe war. Ich war nervös und fühlte mich ängstlich, als ich neben dem Bühnenaufzug wartete. Nach ein paar Minuten sah ich sie herunterfahren. Als sich die Glastür des Aufzugs öffnete, streckte ich meine Hand aus und Mercedes ergriff sie. Ich hielt ihre kleine Hand in meiner und führte sie zu ihrem Auto. Sie setzte sich auf den Rücksitz, und irgendwie schaffte ich es, Fabían zu fragen, ob ich mit ihr reden könnte. Dann geschah das Unglaubliche. Mercedes gab mir zu verstehen, dass ich mich neben sie setzen sollte. Ich konnte es nicht glauben. Ich setzte mich auf den Rücksitz, aber ich wusste nicht, was ich tun oder sagen sollte. So viele Gedanken gingen mir durch den Kopf. Alles, was ich sagen konnte, war: ‚Mercedes, darf ich dir einen Kuss geben?' Sie sah mich an, lächelte und sagte: ‚Aber mein Sohn, warum solltest du mir keinen Kuss geben?' Ich küsste sie auf ihre rechte Wange. Ich erinnere mich an ihr duftendes Parfüm. Dann stieg ich aus dem Auto, die Türen schlossen sich, Mercedes fuhr weg und ich war nicht mehr derselbe."

Mercedes ist sich des Einflusses bewusst, den sie auf die Menschen hat, und fragt sich, ob es ihre Stimme, ihr Gesicht oder ihre Überzeugungen sind, vom dem so viele beeindruckt sind.[4] „Ich bin weder jung noch schön, aber ich habe meine Stimme und die Seele, die in meiner Stimme zum Ausdruck kommt", sagt sie 2001 in einem Interview.[42] Wenn sie singt, kommt alles, was in ihr steckt, zum Vorschein, und das Publikum bekommt im Gegenzug einen Einblick in ihre Seele. Aber es sind nicht nur die sanften, emotionalen Ausdruckweisen, die sie beherrscht. Sie kann auch dramatisch und souverän sein. Sie besitzt eine natürliche Autorität, die sie durch das Heben der Arme, das Ballen der Fäuste oder das Zurückwerfen des Kopfes beim Lachen zum Ausdruck bringt.

Eine ihrer feurigsten Darbietungen ist das Lied „*Cuando Tengo la Tierra*", das ihr einmal eine Verhaftung einbrachte. Wenn sie es singt, läuft sie auf der Bühne hin und her. Von einer Strophe zur anderen steigert sie ihre Lautstärke bis zu einem gesanglichen Höhepunkt, der die ganze Stärke ihrer Stimme zeigt. Sie könnte damit auf der Stelle eine Revolution auslösen, ganz ohne Mikrofon.

Einmal ist eine Tonanlage ausgefallen, als sie zu singen begann. „Ich erinnere mich an Mercedes Sosa bei ihrer Interpretation von ‚*Los Mareados*' [Die Verwirrten] im Concertgebouw, einer Konzerthalle in Amsterdam, wo ich ein Konzert von ihr besuchte. Bei diesem Lied beschloss Mercedes, mit dem Rücken zum Publikum stehend zu beginnen. Ihre ersten Töne müssen den Tontechniker überrumpelt haben, da die Lautsprecher plötzlich mit einem schrecklichen Geräusch ausfielen," erzählt Christel Veraart.[38]

IM JAHR 2002, nach der Aufnahme von *Acústico En Vivo* (Akustik Live), einem Live-Konzert, für die sie ihren zweiten Grammy erhält, erkrankt sie erneut – dieses Mal körperlich. Sie muss alle geplanten Konzerte absagen, und ihre Krankheit hält sie zwei Jahre lang von Auftritten ab. Ihre öffentlichen Botschaften beschränken sich darauf, die Wahl von Néstor Kirchner im Jahr 2003 zu unterstützen.

Kurz nach seinem Amtsantritt im Mai entlässt Kirchner einflussreiche Militär- und Polizeibeamte. Mit dem Hinweis auf die Notwendigkeit, mehr Verantwortlichkeiten und Transparenz in die Regierung zu bringen, hebt Kirchner die Amnestiegesetze für Militäroffiziere auf, die der Folter und des Mordes während der Zeit des „Schmutzigen Krieges" der Junta beschuldigt werden. Durch die Aufhebung der Amnestiegesetze wird das Verfahren gegen den früheren Diktator Videla und vierzehn weitere verantwortliche Generäle wieder aufgenommen. Sie werden wegen Mordes, Folter und Freiheitsberaubung angeklagt und zu lebenslangen Haftstrafen verurteilt. Diesmal stellt der Richter sicher, dass eine Amnestie nicht mehr möglich ist und sie ihren gerechten Strafen nicht mehr entkommen können. Mercedes ist erleichtert, dass in ihrem Land endlich die Gerechtigkeit gesiegt zu haben scheint.

Videla wird in ein ziviles Gefängnis eingewiesen, wo er am 17. Mai 2013 an den Folgen eines Sturzes in der Dusche stirbt. Während seiner Gerichtsverhandlung verteidigte er noch seine barbarischen Taten gegen die Menschlichkeit und zeigte sich uneinsichtig. Gegen Isabel Perón wird ein neuer Haftbefehl erlassen, aber es ist nicht möglich, sie zu verhaften, da sie nach Spanien geflohen ist und die spanische Regierung sich weigert, sie an Argentinien auszuliefern.

Mercedes kehrt nach ihrer zweijährigen Pause im Jahr 2005 in die Öffentlichkeit zurück, aber sie leidet nun an chronischen Rückenschmerzen, die von mehreren schweren Stürzen herrühren, die sie fast gelähmt haben. Das hindert sie daran, so zu tanzen wie früher, aber selbst mit enormen Rückenschmerzen findet sie einen Weg, die Erwartungen der Leute zu erfüllen. Ihre Konzerte sind nach wie vor ausverkauft. Ihr erster Auftritt nach ihrer Rückkehr findet im argentinischen Kongress unter dem Titel *Música en El Salón Blanco* (Musik im Weißen Saal) statt und wird von einer Million Fernsehzuschauern verfolgt. Sie wird von der damaligen First Lady Cristina Fernández de Kirchner, Ministern, Regierungsbeamten und mehreren anderen argentinischen Künstlern gewürdigt. Zusammen mit den Gästen León Gieco und Teresa Parodi singt sie viele der bekannten Lieder, die sie berühmt gemacht haben. Sie singt auch Lieder aus ihrem neuen Album *Corazón Libre* (Freies Herz), das 2005 veröffentlicht wird und ihr ihren dritten Grammy einbringt.

IM FEBRUAR 2007 fährt Mercedes nach Mendoza, um dort ein paar Tage Urlaub zu machen. Sie freut sich darauf, an den Ort zurückzukehren, an dem sie sich einst verliebte und an dem das Manifest der Bewegung des Neuen Liedes verfasst wurde, das ihr Leben nachhaltig beeinflusst hat. Sie ist jetzt Anfang siebzig und möchte in einer friedlichen, ruhigen Umgebung, weit weg vom chaotischen Durcheinander von Buenos Aires, über ihr Leben nachdenken.

Sie steht am Fenster ihres Zimmers und blickt auf einen großen Garten mit majestätischen alten Bäumen. Als sie hinausschaut, sieht sie ein Spiegelbild von sich selbst im Fensterglas. Sie studiert die Faltenlandschaft auf ihrem Gesicht. Jede einzelne dieser Furchen erzählen eine Geschichte – ihre Geschichte. Sie erzählen über eine Frau, die das Glück hatte, in einer liebevollen Familie aufzuwachsen, die sie unterstützt und gefördert hat, die ein offensichtliches Talent besaß und immer das tat, was ihr am meisten Freude bereitete. Eine Frau, die nie damit gerechnet hat, ein so aufregendes Leben zu führen, um die ganze Welt zu reisen und derart viel Anerkennung zu erhalten. Ursprünglich strebte sie nach nichts von alledem. Das Leben muss sie ausgewählt haben, denkt sie, und ein sanftes Lächeln trat auf ihr Gesicht. Auch auf ihrer Stirn sind tiefe Furchen zu sehen, die Male tragischer Erinnerungen.

Unvorhersehbare Ereignisse haben sie in Richtungen gedrängt, die sie nicht gehen wollte. Letztendlich ist sie doch an ihrem Ziel angekommen, da sie sich ihren Weg durch die Wirrnisse des ständigen Wandels gebahnt hat. „*Todo Cambia*" zieht sich wie ein roter Faden durch ihr Leben und macht es zu einer ständigen Reise. „Ich habe ein sehr schönes und gleichzeitig sehr tragisches Leben gehabt",[3] sagt sie laut zu sich selbst und wendet sich vom Fenster ab. Sie muss sich auf ein Vorstellungsgespräch von Musikern vorbereiten, fällt ihr ein.

In einem anderen Teil des Landes steigt derweil eine Gruppe von sechzig enthusiastischen, jungen Sängern in einen Bus Richtung Mendoza.

Das Einzige, was Mercedes während ihres Aufenthalts in Mendoza auf dem Programm hat, ist eine Verabredung mit dem argentinischen Reggae-Sänger und Komponisten Bahiano, dem sie ein Interview für einen Dokumentarfilm über Folklore in Lateinamerika für die TV-Sendung MP3 geben wird.[43]

Es geht gleich los, und sie sitzt in einem rosa Kleid mit weißer Stickerei auf einem zweisitzigen Chesterfield-Sofa und wartet geduldig, bis der Kameramann seine Vorbereitungen abgeschlossen hat. Er erklärt ihr, dass die Vorhänge zur Straße hin zugezogen werden müssen, um bessere Lichtverhältnisse zu schaffen. Sie ahnt nicht, dass das alles Teil einer Inszenierung ist und dass sie eine wunderbare Überraschung erwartet.

Das Gespräch beginnt. Mercedes fühlt sich entspannt und ist gut gelaunt. Sie verbringen zehn Minuten damit, alte Fotos anzuschauen, und sie erzählt dem Reporter, wie wichtig ihr ihre Familie ist. Sie singt sogar eines ihrer Lieblingslieder für ihn. Der Kameramann hat die Fenster zur Straße hin offengelassen, und die Vorhänge bewegen sich im Wind. Bahiano fragt Mercedes, ob sie Ständchen mag, und sie bejaht, ohne sich viel dabei zu denken. Doch plötzlich hört Mercedes Gesang von der Straße her. Verblüfft schaut sie den Journalisten an, der sich von seinem Stuhl erhebt, ihre Hand ergreift und ihr vorsichtig beim Aufstehen hilft. Langsam bewegen sie sich zum Fenster, und er zieht die Vorhänge beiseite. Völlig erstaunt, sieht sie eine Schar junger Leute unten stehen, die mehrstimmig „*Tonada de la Viejo Amor*" (Melodie einer Alten Liebe) singen. Es klingt fabelhaft. Mercedes schaut beeindruckt zu, und es dauert nicht lange, bis sie mitsingt.

Als das Lied vorbei ist, wischt sie sich die Tränen aus den Augen, ruft „Bravo, Bravo, Bravo", bedankt sich bei allen und bittet um ein noch ein Lied. Daraufhin beginnt die Gruppe, „*Luna Tucumana*" (Mond von Tucumán) zu singen. Am Ende hilft Bahiano der gehbeeinträchtigten, aber äußerst fröhlich gestimmten Mercedes auf die Straße, wo ihr zu Ehren noch ein Ständchen, „*Zamba Por Vos*" (Zamba Für Dich), gesungen wird. Es ist ein Ereignis, das niemand der Anwesenden je vergessen wird.

MERCEDES BLEIBT politisch aktiv und unterstützt 2007 die Wahl von Cristina Fernández de Kirchner, der Ehefrau von Nestór Kirchner, die sie gewinnt und danach als erste gewählte Präsidentin Argentiniens angelobt wird. Mercedes nimmt eine Einladung an, bei der Angelobungsfeier vor dem Regierungspalast am 10. Dezember zu singen. Die Politik der Kirchner-Regierung bringt deutliche Verbesserungen für die Arbeiterschaft in Argentinien, deren Ausbeutung Sosa in vielen ihrer Lieder so vehement angeprangert hat.

Trotz ihres schlechten Gesundheitszustands reist Mercedes weiterhin durch die ganze Welt. Sie leidet unter Atemproblemen; ihre Stimme ist nicht mehr so kräftig, aber sie bleibt ein bewundernswertes Instrument – reich und dynamisch, aber auch formbar und erstaunlich ausdrucksstark. Ihr Vibrato ist mit dem Alter breiter geworden, aber sie setzt es zurückhaltender ein. Sie ist entschlossen, so lange wie möglich weiter zu singen.

2008 ist ein sehr aktives Jahr für sie. Am 18. Mai tritt Mercedes zusammen mit der beliebten kolumbianischen Sängerin Shakira in Buenos Aires auf. Sie singen das Lied „La Maza" (Der Hammer) von Silvio Rodríguez bei einem großen Benefizkonzert unter freiem Himmel für marginalisierte lateinamerikanische Kinder. Sie reist auch nach Europa und Israel und gibt mehrere Konzerte in der Carnegie Hall in New York. Wegen starker Rückenschmerzen sitzt sie mittlerweile auf der Bühne auf einem Rollstuhl, aber das hält sie nicht davon ab, jedes Mal kurz aufzustehen und ein paar ihrer charakteristischen Zamba-Tanzschritte zu machen. Wann immer sie das tut, jubelt das Publikum.

Nach dem Ende der Tournee beginnt Mercedes mit der Planung für die Aufnahme eines weiteren Albums, Cantora (Die Sängerin). Sie hat bereits mit der Plattenfirma darüber gesprochen. Sie stellt sich ein Doppelalbum vor, das aus einer Reihe von Liedern besteht, die sie noch nie zuvor aufgenommen hat, und sie will mit Gastmusikern zusammenarbeiten, zu denen sie eine besondere Beziehung hat. Der Produzent bei Sony findet die Idee großartig und unterstützt sie bei der Auswahl der Lieder und der Künstler. Sie verschickt persönliche Einladungen und erhält durchwegs Zusagen. Es sei eine Ehre, Teil des Projekts zu sein, sagen die eingeladenen Musiker. Für Mercedes ist es auch eine Gelegenheit, alte Freunde wiederzutreffen, die sie lange nicht gesehen hat. Den brasilianischen Sänger Caetano Veloso zum Beispiel. Als sie ihn im Studio wiedersieht, schießen ihr die Tränen in die Augen und sie muss ein Taschentuch hervorholen. „Mein Lieber, wie geht es dir? Mein verehrter Bruder, es ist schon so lange her, dass wir uns das letzte Mal gesehen haben. Ich liebe dich so sehr, Caetano. Ich weine Freudentränen für dich",[3] sagt sie.

Charly García, der Rocksänger, singt ein schönes und emotionales Lied, „*Desarma y Sangra*" (*Entwaffne und Blute*), über die Schule des Lebens. Der Text besagt, dass es keine Schule gibt, die einem beibringen kann, wie man zu leben hat. Charly hat vor den Aufnahmen eine schwierige Zeit durchgemacht, und Mercedes, die sich um ihn sorgte, sagt zu ihm: „Ich fühle ein seltsames Glück in mir. So habe ich dich noch nie gesehen. Welch schönes Lied. Wie bezaubernd, mein schöner Prinz."[3]

Dann beginnen sie in der Mitte des Studios zu tanzen, während alle anderen in einem Kreis um sie herumstehen und klatschen. Nach ihrem kleinen Tanz ziehen sie sich auf ein braunes Ledersofa zurück, wo Charly seinen Arm um sie legt und sie sich entspannt in seinen Armen ausruht.

Die Aufnahmen finden in einer lockeren Atmosphäre statt, die von Offenheit, Humor und gegenseitigem Respekt geprägt ist. Mercedes' Stimme ist immer noch eindringlich und stark, aber sie ermüdet leichter, deshalb probt sie jeden Song ausführlich, bevor sie ihn aufnimmt. Sie will, dass es bei der ersten oder zumindest der zweiten Aufnahme perfekt ist, um ihre Stimme zu schonen.

Ihr Gedächtnis ist dabei tadellos. Mercedes kennt alle ihre Lieder auswendig und hat den Text nur noch der Form halber vor sich liegen. Mit ihren dreiundsiebzig Jahren hat sie immer noch hohe Erwartungen an sich selbst: „Diese Aufnahmen werden für immer auf der ganzen Welt zu hören sein, und wenn wir es nicht richtig hinbekommen, werden wir uns für immer Vorwürfe machen, dass wir nicht ordentlich gesungen und gespielt haben".[4]

Als sie zur Aufnahme von „Zamba del Cielo" (Zamba des Himmels) mit Fito Páez und Liliana Herrero kommen, bebt plötzlich das ganze Studio, als ob der Himmel die Erde berühren würde. Danach herrscht völlige Stille, und sie nehmen sich an den Händen. Liliana bricht in Tränen aus und Mercedes ruft: „Oh mein Gott. Das ist verrückt. Ich hatte während des ganzen Liedes eine Gänsehaut."

Das Lied drückt die Gefühle aus, das Mercedes hat, wenn sie auf ihr Leben zurückblickt: „Das Leben hat mir so viel gegeben. Aber es hat mir auch viel genommen. Das Leben ist wie ein Fluss aus Wundern und Schmerzen."

In einem Interview über die Einspielung von *Cantora* wird Mercedes gefragt, warum sie es in so einem späten Stadium ihrer Karriere aufnimmt. Sie antwortet mit einer Zeile aus dem Lied „Cuchillos" (Messer) von Charly García: „Weil ich nicht sterben werde."

Das letzte Lied, das Mercedes für *Cantora* aufnimmt, ist ein Duett mit Pedro Guerra, ein Sänger, der von den Kanarischen Inseln stammt. Das Lied ist eine Extraaufnahme für die spanische Ausgabe des Albums. Es wurde von Pablo Milanés speziell für Mercedes geschrieben und heißt „La Soledad" (Die Einsamkeit). Da sie zu schwach ist, um ihr Haus zu verlassen, findet die Aufnahme in einem kleinen Studio statt, das in einem Nebenraum ihres Wohnzimmers eingerichtet wird. Das Lied fasst die Einsamkeit, die sie im Laufe ihres Lebens erfahren hat, in Worte, aber es ist keine Spur von Bedauern in ihrer Stimme zu hören. Im Gegenteil, das letzte Lied, das sie in die Welt hinaussingt, hat den beruhigenden Klang von plätschernden Wellen, die die Fußspuren der Einsamkeit vom Ufer des menschlichen Herzens wegwischen.

Cantora wird 2009 in Argentinien zum Verkaufsschlager und erhält den Latin Grammy Award für das beste Folk-Album.

Mercedes Sosa mit ihrer Mutter, Ema del Carmen Gíron, in ihrer Heimatstadt Tucumán.

Mercedes Sosa während der Totenwache für ihre Mutter Ema Gíron am 27. April 2000.

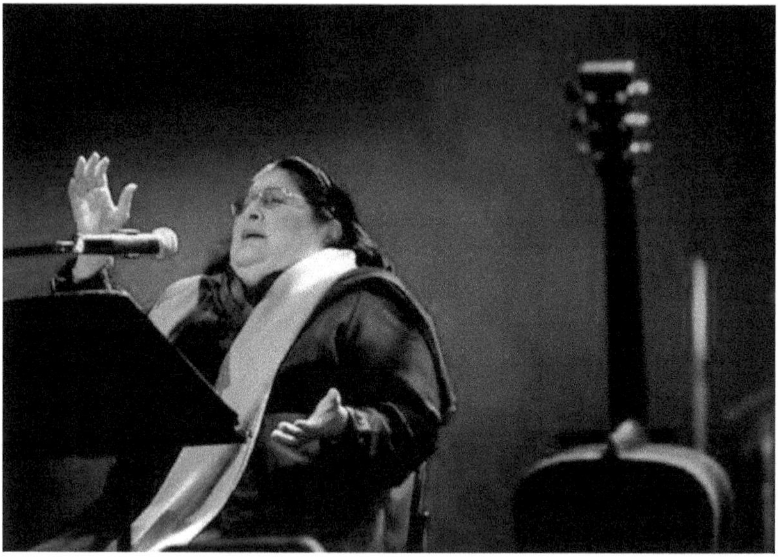

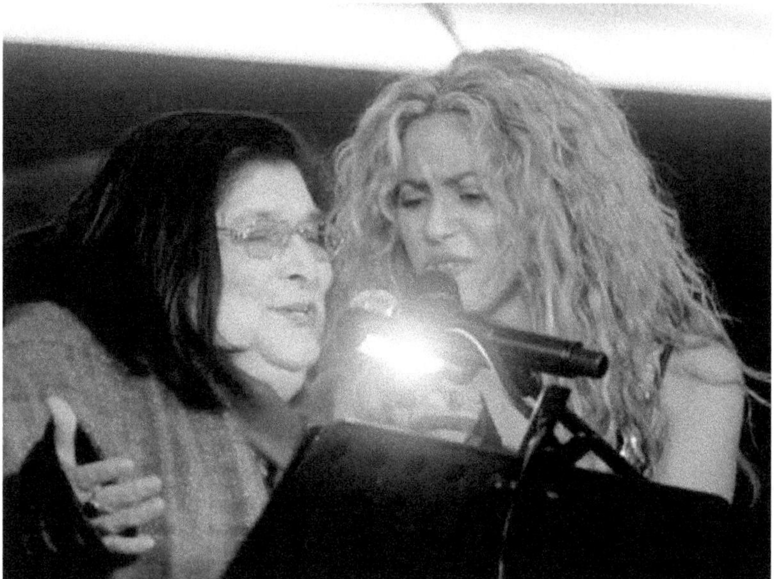

Oben: Seit ihrer frühen Kindheit war Mercedes nachdenklich, aufmerksam und geistig rege, aber nach ihrer Depression im Jahr 1997 verarbeitete sie sinnliche Empfindungen viel intensiver, was es ihr ermöglichte, emotionale Nuancen mit mehr Kraft und Präzision auszudrücken.

Oben links: Mercedes Sosa tritt während eines Konzerts anlässlich des zehnjährigen Bestehens des Peres-Friedenszentrum am 27. Oktober 2008 in Tel Aviv auf.

Unten links: Die kolumbianische Popsängerin Shakira und Mercedes Sosa treten beim „Konzert für die Kinder" in Buenos Aires am 17. Mai 2008 auf.

Die damalige argentinische Präsidentin Cristina Fernández de Kirchner und ihr Ehemann, der scheidende Präsident Néstor Kirchner, stehen am 10. Dezember 2007 auf der Bühne, als Mercedes Sosa zur Feier von Fernández' Amtseinführung singt.

Mercedes Sosa nimmt den Preis für das beste Folk-Album für ihr Album Misa Criolla bei den Inaugural Latin Grammy Awards am 13. September 2000 in Los Angeles entgegen.

Buenos Aires, 18. September 2009

SEIT MERCEDES im Juni die Aufnahme von *Cantora* beendet hat, geht es mit ihrer Gesundheit weiter bergab. Sie steht in ihrer Wohnung und blickt durch das Fenster auf die Silhouette von Buenos Aires, umrahmt von den grünen Farnen auf ihrem Balkon. Fabián wird bald kommen, um sie in die Trinidad-Klinik zu bringen, eines der besten Krankenhäuser von Buenos Aires im Stadtteil Palermo. Sie hat eine kleine Tasche gepackt, um alles mitzunehmen, was sie braucht. Ihr Blick schweift durch ihr Wohnzimmer, von den Vasen mit den farbenprächtigen Blumen zu den langen Reihen von Büchern in den Regalen und weiter zu den Kunstwerken, die sie im Laufe der Jahre gesammelt hat – Gemälde, Skulpturen, exotische handgewebte Teppiche, die den Boden bedecken, und alle Arten von einheimischem Kunsthandwerk. Ein Porträt schmückt die Wand im Eingangsbereich. Es ist eine Zeichnung ihrer geschätzten alten Freundin Joan Baez. Sie blickt auf all die Preise und Auszeichnungen, die an den Wänden hängen. Sie flüstern ihr zu: Wir sind der Beweis dafür, dass dein Leben nicht umsonst war. Einige Preise bedeuten ihr mehr als andere – die Preise, die sie in ihren späteren Jahren erhalten hat. Der diamantene Konex-Preis aus dem Jahr 1994 beispielsweise als Auszeichnung für die wichtigste Persönlichkeit der argentinischen Volksmusik, und zwei wertvolle Preise aus dem Jahr 1996, die Simões-Lopes-Neto-Medaille für ihre künstlerischen und persönlichen Verdienste um die Einheit des Volkes und der CIM-UNESCO-Preis. Diese Auszeichnungen sind für sie etwas Besonderes. Sie sind der Beweis dafür, dass sie ihr Potenzial voll ausgeschöpft und ihre Bestimmung erfüllt hat. Sie sind für sie sogar mehr wert als die Auszeichnung von

1996, als man ihre Stimme als eine der bemerkenswertesten der Welt anerkannt hat.

Sie seufzt erleichtert, als Fabián eintrifft, und erklärt ihm: „Alles, was du hier siehst, sind nicht nur Auszeichnungen für das Singen. Es sind auch Anerkennungen für das, was ich denke. Ich denke über die Menschen nach. Ich denke über Ungerechtigkeit nach. Wenn ich nicht nachgedacht hätte, wäre mein Schicksal vielleicht anders verlaufen. Ich wäre einfach eine gewöhnliche Sängerin gewesen. Deshalb denke ich, dass ich nicht falsch gelegen bin, als ich anfing, eine Überzeugung zu vertreten."[3]

In diesem Bewusstsein verlässt Mercedes ihr Zuhause zum letzten Mal. In den folgenden drei Wochen verschlechtert sich ihr Gesundheitszustand. Ihre Nieren versagen, und sie hat auch Leber- und Herzprobleme. Hinzu kommen Atmungs- und Kreislaufstörungen, und sie wird auf die Intensivstation verlegt.[45] Sie weiß, dass sie auf der Kippe steht und empfängt viele ihrer guten Freunde um sich zu verabschieden, falls sie es nicht schaffen sollte. Bis zuletzt hofft sie auf ein Wunder. Sie liebt das Leben, aber sie möchte auch nicht so alt werden wie ihre Mutter. „Ich möchte lieber weitermachen, solange ich noch klar denken kann", sagt sie.

Am selben Abend bittet sie ihren Priester, Pater Luis Farinello, zu ihr zu kommen und ihr die letzte Ölung zu erteilen,[46] ein katholisches Ritual, das die Vergebung der Sünden symbolisiert, um einen Sterbenden auf den Übergang ins ewige Leben vorzubereiten. Pater Farinello, der Mercedes seit vielen Jahren kennt, erzählt, dass die Durchführung des Rituals für beide ein sehr emotionaler Moment war, da Mercedes bei Bewusstsein war und sie wusste, dass sie nun sterben würde.

Die Nation hält den Atem an, als Fabián vor dem Krankenhauseingang den Reportern vom Zustand seiner Mutter berichtet. Am Samstag sagt er: „Es sind viele, die für sie beten und an ein Wunder glauben, aber ihr Leben liegt in Gottes Hand." Ihr Neffe, Coqui Sosa, pflichtet bei und berichtet, dass die offizielle Website von Mercedes unter den zahlreichen Unterstützungserklärungen, die in den letzten Tagen eingegangen sind, zusammengebrochen ist.[47] „Das zeigt, dass Liebe Berge versetzen kann", sagt er.

Mercedes wünscht sich nichts sehnlicher, als für alle um sie herum noch einmal zu singen, bevor sie ihren letzten Atemzug tut. Doch dann versagt ihre Lunge. Sie wird in ein künstliches Koma versetzt und unter ständiger Beobachtung maschinell beatmet. Am 4. Oktober, morgens um 5.15 Uhr, stirbt sie. Eine der besten Stimmen, die die Welt je gehört hat, ist verstummt. Eines der liebevollsten und leidenschaftlichsten Herzen hat aufgehört zu schlagen.

„Sie starb in Frieden auf ihrem Krankenbett als freie Frau, die alles erreicht hat, was sie im Leben erreichen wollte. Sie lebte ihre vierundsiebzig Jahre in vollen Zügen. Sie kannte keine Hindernisse und hatte keine Ängste, die sie einschränkten",[47] erklärt Fabián, als er vor die Presse tritt, um den Tod seiner Mutter bekannt zu geben.

Buenos Aires, 5. Oktober 2009

HUNDERTE MENSCHEN sind auf dem begrünten Platz vor dem Krematorium auf dem Chacarita-Friedhof in Buenos Aires versammelt. Sie klatschen in die Hände und singen, während weißer Rauch aus dem Schornstein in den blauen Frühlingshimmel aufsteigt, wie ein Dankesgruß. Wie ein Lied ohne Worte. Wie zum letzten Mal gesungen: „GRACIAS A LA VIDA."

Danke an das Leben, das mir so viel gegeben hat.
Es gab mir Lachen und es gab mir Sehnsucht.
Mit ihnen kam das Glück und der Schmerz.
Die beiden Dinge, aus denen meine Lieder entstehen.
„Gracias a la Vida" von Violeta Parra

Mercedes' letzter Wunsch war, dass ihre Asche an drei ihrer Lieblingsorte verstreut wird: „Wenn ich gestorben bin, möchte ich ein bisschen in Tucumán, ein bisschen in Mendoza und ein bisschen in Buenos Aires sein." Fabián erfüllt ihr den Wunsch zusammen mit ihren beiden Brüdern, den beiden Enkelkindern und ihren Neffen. Dies ist ein weiteres Beispiel dafür, dass sie sowohl im Leben als auch im Tod immer überall dabei sein wollte, um alle zu umarmen.

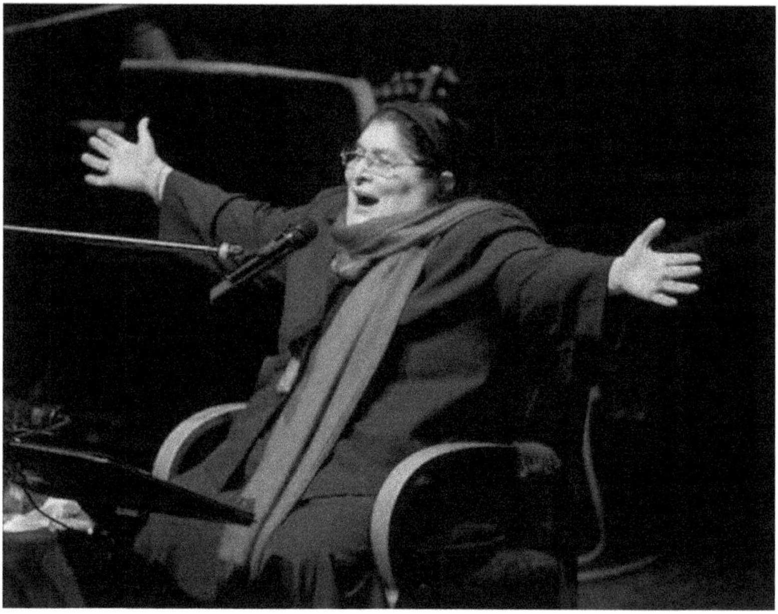

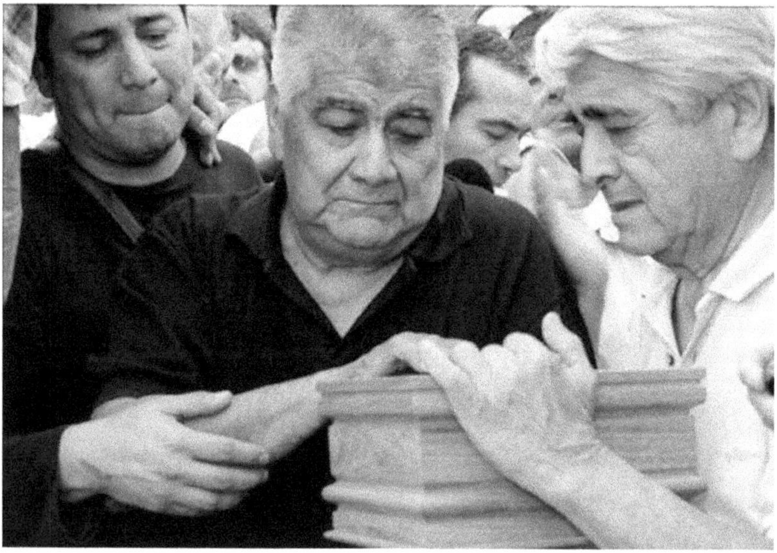

Oben links: Mercedes symbolische Umarmungen waren wichtige Botschaften für ihr Publikum

Unten links: Fernando und Orlando Sosa, die Brüder von Mercedes Sosa, und ihr Neffe Coqui halten die Urne mit ihrer Asche am Berg San Javier in der Provinz Tucumán am 13. Oktober 2009.

160

2. Teil

Meine Begegnung mit Mercedes Sosa

„Wenn unser Leben zu einem Schauspiel wird, werden wir zu Darstellern. Wenn wir zu Darstellern werden, opfern wir unsere Authentizität. Ohne Authentizität können wir keine Liebe und Verbundenheit kultivieren. Ohne Liebe und Verbundenheit haben wir nichts."
Brené Brown

ICH HOFFE, dass Ihnen der erste Teil einen guten Eindruck von der Person Mercedes Sosa, den Ereignissen, die sie geprägt haben, und dem Einfluss, den sie auf Menschen ausübte, vermittelt hat. Bevor wir zu meiner persönlichen Reise mit Mercedes kommen, möchte ich Ihnen ein aktuelles Beispiel dafür geben, wie sie auch heute noch Menschen berührt.

Im Sommer 2015 traf ich auf dem Weg von der Türkei zu einer griechischen Insel zwei nette Amerikanerinnen beim Kartenschalter einer Fähre. Wir unterhielten uns und sie fragten mich nach meinem Leben und was ich so tue, und ich antwortete, dass ich ein Buch über Mercedes Sosa schreiben würde. Eine der Frauen war so begeistert, dass sie aufsprang und mich lange umarmte und sagte: „Schreibst du wirklich ein Buch über Mercedes Sosa? Sie ist nicht von dieser Welt. Ich liebe sie, sie ist die Beste. Ich weiß kaum etwas über ihr Privatleben. Ich möchte dein Buch unbedingt lesen." Die andere Frau hatte zuvor noch nie von Mercedes gehört, also begann ich, ihr von ihrem Leben und dem Einfluss, den sie auf mich hatte, zu erzählen. Während ich erzählte, liefen ihr Tränen über die Wangen. Dann sagte sie: „Was für eine unglaubliche Geschichte. Ich möchte sie auch kennenlernen. Ihr persönlicher Hintergrund berührt mich sehr. Das ist etwas, das auch für andere von Nutzen sein kann. Ich bin Direktorin in einem sozialen Club in New York. Ich möchte, dass die das hören. Vielleicht kannst du kommen und einen Vortrag halten, wenn das Buch herauskommt?"

Der türkische Mann am Schalter hatte unser Gespräch mitgehört. Er lächelte, tippte auf sein Handy und spielte plötzlich „Gracias a la Vida" vor. Als das Lied lief, sagten beide Frauen, sie würden die Präsenz der Sängerin im Raum förmlich spüren.

Unsere gemeinsame Menschlichkeit

ALS MIR Mercedes Sosa zum ersten Mal unterkam, hat sie sofort etwas in mir ausgelöst. Ich hatte das Bedürfnis, mich mit ihr zu verbinden, und den Wunsch, sie kennenzulernen. Ich begab mich auf eine Reise, die mein Leben umkrempelte.

Als ich Mercedes im Internet zusah und ihrer Stimme lauschte, ob sie nun sang oder sprach, fühlte ich eine Verbindung zu ihr, die mir Trost spendete, während ich mich damals von meinem Kindheitstrauma erholte. Später erfuhr ich, dass ich intuitiv inspiriert wurde und dass es eine positive Wirkung hatte, die wissenschaftlich erklärt werden kann. Ich erkannte, dass die Antworten in der Neurowissenschaft zu finden waren, insbesondere in der Neurobiologie der menschlichen Beziehungen, der interpersonellen Neurobiologie.

In der interpersonellen Neurobiologie geht es darum, wie sich unser Geist gegenseitig beeinflusst, wenn wir miteinander in Verbindung treten. Im Kern geht die interpersonelle Neurobiologie davon aus, dass wir aufgrund unserer Beziehungen so geworden sind, wie wir sind, und dass alle Beziehungen, insbesondere die intimsten, das Denken verändern. In der Neurowissenschaft wird allgemein davon ausgegangen, dass das erwachsene Gehirn sein ganzes Leben lang neue Gehirnzellen bildet und offen für Veränderungen als Reaktion auf Erfahrungen bleibt. Das Gehirn hört nie auf, sich zu entwickeln, und intime und gesunde Beziehungen können uns das ganze Leben lang beeinflussen; sie sind in der Tat wesentlich für unsere Entwicklung, weil sie uns neue Erfahrungen vermitteln, die neue neuronale Verbindungen entstehen lassen und die Struktur unseres Gehirns formen. Zu wissen, dass wir unser Gehirn jederzeit aktiv beeinflussen und dadurch unser Leben verändern können, kann uns allen Hoffnung geben.

Wenn Sie weiterlesen, werden Sie sehen, wie Mercedes Sosa mir half, eine meiner größten Lebenskrisen zu überwinden, indem sie dazu beitrug, meine existenziellen Wunden zu heilen. Mercedes Sosa wurde mein neuer Fokus, und dabei entdeckte ich, wie das Gehirn auf Musik und Vorstellungskraft, aber auch auf Achtsamkeit sowie auf positive, persönliche Begegnungen mit anderen Menschen reagiert. Ich glaube, dass meine Geschichte und die wissenschaftlichen Erkenntnisse, die meine Erfahrungen untermauern, für jeden nützlich sein können, der in einschränkenden, lähmenden oder quälenden Erfahrungen aus der Vergangenheit feststeckt. Doch bevor ich in meine eigene Reise eintauche, möchte ich erläutern, was ich unter einer „existenziellen Wunde" verstehe.

Eine existenzielle Wunde ist eine Wunde, die viele von uns früh im Leben erleiden. Sie kann für unser Selbstverständnis für den Rest unseres Lebens bestimmend werden, weil sie unser Selbstwertgefühl beeinflusst, wenn wir sie nicht richtig verarbeiten. Ob wir uns dessen bewusst sind oder nicht, die meisten von uns tragen existenzielle Wunden in sich, die leicht wieder aufgerissen werden können. Wenn Sie sich fragen, ob Sie existenziell verwundet sind, können Sie einen Blick auf Ihr bisheriges Leben werfen und herauszufinden versuchen, ob es ein Thema gibt, um das sich Ihr Leben ständig dreht. Wenn Sie feststellen, dass Sie ein Verhaltensmuster wiederholen, das immer wieder zu schmerzhaften Erfahrungen führt, ist es wahrscheinlich, dass der Auslöser eine existenzielle Wunde ist. Viele von uns finden Wege, solche Wunden zu verbergen, und machen einfach weiter, indem Sie so tun, als gäbe es sie nicht. Manche Menschen wiederum sind sich ihrer bewusst, aber für viele liegen die Wunden jenseits der Selbsterkenntnis. Wenn widrige Lebensumstände solche Wunden wieder aufreißen, können wir sie entweder weiter verdrängen oder diese Momente als Chance zur Heilung und zur Weiterentwicklung sehen. Wenn wir uns unserer existenziellen Wunden bewusst sind und wissen, was sie wieder aufreißen lassen kann, wenn wir erlernen, wie wir mit uns selbst liebevoll und achtsam umgehen, brauchen wir sie nicht mehr zu fürchten oder zu übertünchen. Das ermöglicht uns, ein erfülltes, bewusstes und authentisches Leben zu führen.

Grundlegende Überzeugungen über unser Selbstbild und unsere Wertschätzung entstehen in den prägenden Jahren unseres Lebens, insbesondere durch die Interaktion mit den Eltern. Wenn wir Kinder sind, werden die Eltern – vor allem die Mutter – zu Spiegeln, in denen wir uns selbst betrachten. Wir erfahren unseren Wert durch das, was sich in den Augen unserer Eltern oder Betreuer widerspiegelt. Wenn sie uns mit Akzeptanz und Liebe ansehen, wird der Grundstein für eine positive Selbstwahrnehmung gelegt. Mercedes war sich dessen ganz klar bewusst. Dank der Liebe, die ihr von ihren Eltern zuteilwurde, wuchs sie zu einer gesunden Erwachsenen mit einem soliden Selbstwertgefühl heran, das es ihr ermöglichte, ihr ganzes Leben lang ihrem Herzen zu folgen und sich nicht unterkriegen zu lassen, wenn sie später in Schwierigkeiten geriet.

„Ich kann meinen Eltern nur für den Frieden danken, den sie mir für mein Leben mitgegeben haben. Ohne diesen Frieden könnte ich nicht für euch singen. Wenn du Frieden in deinem Leben hast, dann deshalb, weil du ihn aus deiner Kindheit mitgebracht hast. Ohne Liebe meiner Eltern wäre ich nie zu der Person geworden, die ich heute bin",[25] sagt sie.

Unabhängig davon, wie gut unsere Kindheit im Allgemeinen war oder wie gut die Absichten unserer Eltern waren, erleiden viele von uns während des Heranwachsens Verletzungen, ob wir uns dessen bewusst sind oder nicht. Das passiert, weil die Welt nicht perfekt ist. Als kleine Kinder sind wir sehr empfindlich, und unser Gehirn ist noch nicht weit genug entwickelt, um die Ereignisse um uns herum zu verstehen. Alles, was wir als Kleinkinder erleben, wird im Unterbewusstsein gespeichert und beginnt, unsere Persönlichkeit zu prägen, während wir uns entwickeln. Eines der ersten Dinge, die wir aus den Reaktionen unserer Bezugspersonen lernen, ist, dass wir gelobt werden, wenn wir etwas erreichen. Um jemand zu sein, müssen wir etwas tun.

Wenn ein kleines Kind auf dem Spielplatz Spaß hat, ruft es aufgeregt nach seinen Eltern oder Kinderbetreuern und sagt: „Seht mich an, seht mich an." Was das kleine Kind will, ist liebevolle Aufmerksamkeit und die Bestätigung, dass man ihm ansieht, dass es Spaß hat und dass es ihm gut geht. Die reflexhafte Antwort der meisten Eltern in einer solchen Situation ist in etwa: „Ja, du kannst sehr gut schaukeln." Ohne sich darüber klar zu sein, hinterlässt der Erwachsene im Unterbewusstsein des Kindes die Botschaft, dass es gut, klug und schlau sein muss, um für in Ordnung befunden zu werden, wenn es etwas tut.

Aufgrund der verschiedenen Wertesysteme, die an uns weitergegeben werden, und der Übereinkünfte, auf deren Basis die Gesellschaft so funktioniert, wie sie eben funktioniert, ist es für uns sehr schwierig, von einem Leben, das auf dem Tun basiert, zu einem Leben, das auf dem Sein basiert, zu wechseln. Wenn wir aufwachsen, gelingt es uns oft nicht, das Wertesystem zu hinterfragen, das uns durch die Traditionen und ungeschriebenen Regeln der Familie und der Kultur, innerhalb derer wir aufwachsen, vermittelt wird. Also streben wir in der Regel danach, etwas zu erreichen, um Anerkennung dafür zu bekommen. Unser Selbstwertgefühl ist dem Erfolg gleichgesetzt, der ausschließlich durch Anerkennung gemessen wird. Doch damit geraten wir in die Gefahr, nur mehr solchen Zielen hinterher zu laufen und uns selbst zu erschöpfen.

Man stelle sich vor, wie anders das Leben verlaufen könnte, wenn die Antwort an das Kind auf dem Spielplatz gewesen wäre: „Ja, ich sehe dich, mein Schatz. Ich liebe es, dir zuzusehen, wenn du so viel Spaß hast. Ich sehe, wie wunderbar du bist, und du machst mich sehr glücklich." Eine solche Antwort würde uns ein Leben erschließen, in dem unsere Motivation und Energie aus dem kommt, was wir sind und was wir von Natur aus tun – so wie das Singen für Mercedes so natürlich war wie das Gehen und das Sprechen. Ob wir Anerkennung von außen bekommen, ist weniger wichtig, wenn wir mit uns selbst im Reinen sind. Mercedes hatte nie vor, um Anerkennung zu heischen oder Belohnungen zu erhoffen. „Wenn ich singe, singe ich, weil ich es liebe zu singen. Nicht, weil ich denke, dass ich dafür belohnt werde",[3] sagte sie.

Wenn wir nicht von der Anerkennung durch andere abhängig sind, können wir uns erlauben, menschlich zu bleiben und uns selbst zu verzeihen, wenn wir Fehler machen.

Mercedes war eine Perfektionistin mit hohen beruflichen Ambitionen als Künstlerin, und Kritiker auf der ganzen Welt beschrieben ihre Leistungen als tadellos, aber sie war realistisch und wusste, dass auch Fehler unvermeidlich waren. „Natürlich kann ich nicht bei jedem Lied mein Bestes geben", gab sie einmal zu.

Bei all den Live-Auftritten, die ich von ihr gesehen habe, ist mir nur ein einziger Fehler von Mercedes je aufgefallen: das klassische Versehen, nicht im Einklang mit den anderen Musikern anzufangen. Ihre Reaktion auf die Fehlleistung war erstaunlich. Sie stand vor Tausenden von Menschen und zeigte keinerlei Anzeichen von Panik oder Verlegenheit. Sie lächelte nur friedlich und nickte sanft mit dem Kopf, schien ihren Fehler einzuräumen und zu signalisieren, dass alles in Ordnung sei – man würde eben noch einmal beginnen. Anstatt sich irritieren zu lassen, fing sie dann mit einem leichten Lachen in der Stimme und einem Lächeln auf den Lippen noch einmal an, und alles war im Takt. Auch wenn sie hohe Erwartungen an sich selbst hatte und immer ihr Bestes geben wollte, ließ sie nicht zu, dass übertriebener künstlerischer Perfektionismus oder kleine Defekte ihr Selbstwertgefühl beeinträchtigten. Sie zeigte Mitgefühl mit sich selbst, anstatt sich Vorwürfe zu machen.

Als ich das sah, verstand ich den Zusammenhang zwischen unserer Erziehung und den Rückschlüssen, die wir unweigerlich für uns selbst ziehen, wenn wir versagen und unseren Ansprüchen – oder den Ansprüchen anderer – nicht gerecht werden können. Wenn wir stolpern, können wir uns entweder wieder auf die Beine stellen, den Staub abschütteln und uns selbst gegenüber Mitgefühl zeigen, oder wir können uns einbilden, dass etwas mit uns nicht stimmt. Wie wir im ersten Teil gesehen haben, machte Mercedes schwere Kämpfe durch, aber sie kam immer wieder auf die Beine, und ihr Selbstwertgefühl blieb in der Regel unangetastet. Als ich das erste Mal stolperte, zog ich die letztere Schlussfolgerung und litt viele Jahre lang unter der Last meines eigenen harten Urteils.

Mein Leben vor Mercedes Sosa

ICH WUCHS in einer kleinen Stadt an der Westküste Dänemarks in einer durchschnittlichen Familie als ältestes Kind von drei Geschwistern auf. Mein Bruder war sechs Jahre jünger als ich, und meine Schwester zehn Jahre jünger. Ich war ein ruhiges und sensibles Kind, das leicht Stimmungen fühlen konnte und spürte, wenn meine Eltern nicht fröhlich waren. In meinem jungen Kopf stauten sich diese Empfindungen, aber ich behielt das alles für mich, weil ich meine Eltern nicht belasten wollte. Ich verstand, dass sie ihre eigenen Probleme hatten. Probleme, über die man nicht sprechen sollte. Eines davon war, dass meine Mutter unter Schlaflosigkeit litt und dass sie davon körperlich und seelisch beeinträchtigt war. Als Kind war sie oft gestürzt und hatte sich dabei den Kopf verletzt, einige Male sehr schwer, wobei sie sieben Gehirnerschütterungen und zwei Schädelfrakturen erlitt. Im Nachhinein denke ich, dass meine Mutter einen Hirnschaden erlitten haben könnte, der sowohl ihre Fähigkeit zu schlafen als auch ihre Fähigkeit, Mitgefühl zu zeigen, beeinträchtigte. Aber eine solche Diagnose gab es damals noch nicht, und so wusste ich nur, dass mit meiner Mutter etwas nicht stimmte, und wir mussten es vor unseren Nachbarn verbergen. In den 1970er Jahren gehörte es weder zu unserer

Familienkultur noch zur dänischen Kultur im Allgemeinen, offen über persönliche Probleme zu sprechen. Die Angst davor, was andere Leute denken könnten, machte das Problem meiner Mutter zum Familiengeheimnis. Aufgrund dieser Verschämtheit und einem Mangel aus Verständnis ihrer eigenen Situation vertraute meine Mutter mir ihren Zustand als „Geheimnis" an und wollte, dass ich es für mich behalte.

Das Wohlergehen meiner Mutter bedeutete das Wohlergehen unserer Familie, und so war das Erste, woran ich morgens dachte, wenn ich aufstand, ob meine Mutter geschlafen hatte oder nicht. Wenn sie nicht geschlafen hatte, mussten wir oft unsere Pläne für den Tag absagen, und die Atmosphäre im Haus wurde düster und bedrückend.

Mein Vater war ein guter Mann, der hart arbeitete, um für seine Familie zu sorgen. Er hat meine Geschwister und mich nie gekränkt, aber er war ausweichend und passiv, wenn es um unsere Erziehung ging, und überließ das meiner Mutter. Er unterstützte meine Mutter praktisch, aber er zeigte nicht leicht Zuneigung und war auch nicht in der Lage, seinen Kindern viel emotionale Unterstützung zu geben.

Als ich zehn Jahre alt war, begann meine Mutter, mir sehr persönliche Dinge mitzuteilen. Oft weinte sie und bat mich um Rat. Ich sei so verständnisvoll, sagte sie. Manchmal, wenn meine Mutter übermüdet war, wurde sie wütend und schloss sich im Schlafzimmer ein. Ich hatte Angst vor dem, was sie dort tat, und versuchte, sie zu überreden, die Tür zu öffnen. Wenn ich sie weinen hörte, wurde ich angespannt und ging betrübt in mein Zimmer. Manchmal stopfte ich mir ein Kissen in den Mund, damit mich niemand weinen hörte, denn ich wusste, dass ich stark erscheinen musste. Danach kam ich mit einem gespielten Lächeln wieder heraus und erzählte Witze, um alle zum Lachen zu bringen, wobei ich alle meine negativen Gefühle unterdrückte. Im Laufe der Zeit meisterte ich es, meine wahren Gefühle zu verbergen, und wie Mercedes sollte ich noch viele Jahre später mit den Folgen dieses Verhaltens konfrontiert werden.

Ich half auch beim Kochen, Putzen und bei der Betreuung meiner Geschwister. Ich war mir bewusst, dass ich in der Familie eine wichtige Rolle als Helfer, Freund, emotionaler Ersatz und Beraterin für meine Mutter spielte. Man sagte mir, wie wertvoll es sei, dass ich sie unterstütze, und die Nachricht kam bei mir so an, dass ich wegen all der Dinge, die ich tat, um unsere Familie zusammenzuhalten, so geschätzt wurde.

Der Zustand meiner Mutter beeinträchtigte mich psychisch. Ich entwickelte eine Überempfindlichkeit gegenüber ihrem Leiden, was dazu führte, dass ich mir ständig Sorgen um sie machte und befürchtete, sie würde bald sterben – sie sagte mir selbst oft, dass sie glaubt, nicht mehr lange zu leben. Ich fühlte mich schuldig, wenn ich nicht bei ihr war, und ich konnte nicht mit anderen fröhlich sein, wenn es ihr schlecht ging. Wenn meine Freunde feierten, kniete ich in meinem Zimmer auf dem Boden und bat Gott, dass er sie heilt und Frieden über unsere Familie bringt. Ich hatte das Gefühl, dass die Leiden meiner Mutter in mir so verinnerlicht waren, dass ich mein eigenes Leben überhaupt nicht mehr lebte.

Fast wie Mercedes, aber aus anderen Gründen, ging ich in eine Art selbstauferlegtes Exil, um dieser leidenserfüllten Atmosphäre zu entkommen. Ich verließ mein Zuhause im Alter von fünfzehn Jahren mit dem Segen meiner Eltern und zog zu einem liebevollen und fürsorglichen Paar, das keine eigenen Kinder hatte. Sie behandelten mich wie ihr eigenes Kind und vermittelten mir immense Liebe und Zuneigung, und zum ersten Mal konnte ich mich von meinen Ängsten und meinem Kummer freimachen. Ihre Unterstützung war während meines Heranwachsens von unschätzbarem Wert, aber es sollte noch dreißig Jahre dauern, bis ich mich von den mitgeschleppten Ängsten, den Schuldgefühlen und der Überempfindlichkeit, die mein Leben durchdrungen hatten, befreien konnte. Damals verstand ich das Wesen und die Tiefe meiner Wunden noch nicht.

Meine Eltern haben letztlich beide ihr Bestes gegeben. Wenn ich heute zurückblicke, bin ich dankbar für die Werte, die sie mir vermittelt haben. Doch bevor ich diesen Punkt erreichte, musste ich mich lange damit auseinandersetzen, wie meine betrübliche frühe Kindheit mein späteres Erwachsenenleben beeinflusst hat.

SIEHT MAN es positiv, so hat mich die mir zugedachte Rolle in unserer Familie selbständig und abenteuerlustig gemacht. Ich hatte gelernt, Initiative zu ergreifen und erfinderisch zu sein, und ich hatte das Gefühl, dass ich im Leben alles erreichen konnte, was ich wollte. Direkt nach der Oberschule zog ich also in die Welt hinaus, mit viel Selbstvertrauen, aber ohne nennenswertes Selbstwertgefühl. Ich vertraute auf meine Fähigkeiten, etwas zu erreichen, aber ich war innerlich nicht so gefestigt wie

Mercedes es gewesen ist. Sie hat ihre Ziele erreicht aufgrund dessen, was sie bereits war, während ich versuchte, jemand zu werden, indem ich etwas erreichte. Das Reisen war wahrscheinlich ein Weg, um meinen Kummer soweit wie möglich hinter mir zu lassen, aber die mentale Nabelschnur zu meiner Mutter war so hartnäckig, dass ich sogar am anderen Ende der Welt spüren konnte, ob sie glücklich war oder nicht.

Ich war zu einem fürsorglichen, verantwortungsvollen Erwachsenen herangewachsen und hatte mich zu einer guten Problemlöserin entwickelt, die sich darum bemühte, dass die Menschen um mich herum zufriedengestellt waren. Ich erarbeitete mir auf diese Weise einen guten Ruf, und die Leute vertrauten mir. Ich steigerte mich regelrecht in diese Rolle hinein, stellte meine eigenen Bedürfnisse zurück und gönnte mir kaum Ruhe. Damit erntete ich zwar die Anerkennung, die mir das Gefühl gab, wichtig zu sein; mir war zu dieser Zeit allerdings noch nicht bewusst, dass ich dieselbe Strategie anwandte, die mir in meiner Kindheit geholfen hatte, mich speziell zu fühlen. Die Übernahme von Verantwortung für andere war die Strategie, die ich unbewusst entwickelt hatte, um als Kind als etwas zu gelten. Als Erwachsener dachte ich dann, dass dies einfach ein Bestandteil meines Wesens war. Ich kam nicht auf den Gedanken, dass ich dieses Verhalten ändern könnte, noch war mir bewusst, dass es mich in einen massiven Zusammenbruch treiben würde, wenn ich so weiter machte.

Ich fühlte mich schon in sehr jungen Jahren erschöpft. Selbst nach einem Urlaub fühlte ich mich nicht erholt; es war, als ob ich meine Batterien nicht mehr aufladen konnte. Ich versuchte, diesen Zustand zu verbergen, weil es mir bald peinlich wurde, immer so müde zu sein, und ich wollte mich auch nicht selbst bemitleiden oder jemandem zur Last fallen. Ich hatte gelernt, dass Müdigkeit etwas war, das man verstecken oder überspielen musste, und so trieb ich mich immer weiter an, selbst in Situationen, in denen ich schon völlig erschöpft war. Die Menschen kamen mit ihren Problemen zu mir, und ich war immer für sie da. Sie spürten, dass ich authentisch war. Nein zu sagen war mich keine Option. Erst spät wurde mir klar, dass meine Motivation auf meinem Bedürfnis basierte, unentbehrlich für andere zu sein.

IM JAHR 1988 reiste ich mit einem Team von sieben Personen nach Indien, um einem indischen Ehepaar beim Aufbau einer christlichen Wohltätigkeitsorganisation zu helfen. Sie hatten das Ziel, Kinderheime zu errichten und jungen Leuten in den Armenvierteln von Mumbai die Chance auf eine elementare Erziehung zu geben. Ich war erst dreiundzwanzig und damit beschäftigt, „die Welt zu retten", als ich erfuhr, dass eines der Teammitglieder mich hinter meinem Rücken kritisiert und meine Integrität in Frage gestellt hatte. Wir hatten gerade sechs Wochen in Mumbai verbracht, wo wir vier junge Frauen uns ein Zimmer mit nur zwei Betten teilten. Ich schlief auf einer Luftmatratze auf dem Boden neben einer anderen Kollegin. Nach der harten Arbeit in der feuchten, stinkenden, chaotischen und überfüllten Metropole Mumbai brauchten wir dringend eine

Pause und fuhren auf Urlaub in den indischen Teil von Kaschmir. Wir waren drei Tage unterwegs, als wir schließlich die Stadt Srinagar am westlichen Rand des Himalayas erreichten und in einem vor Anker liegenden hölzernen Hausboot am Ufer des Srinagar-Sees eincheckten. Dabei stießen wir auf das gleiche Problem wie in Mumbai – vier Mädchen in einem Zimmer mit nur zwei Betten. Ich war erschöpft und dachte, es sei nur fair, wenn wir abwechselnd auf dem Boden und im Bett schliefen, und so stellte ich meine Tasche auf eines der Betten. Da sagte eine der Mitreisenden in einer Tonlage, die mir sarkastisch erschien: „Warum schlaft du und diene Freundin nicht auf dem Boden, ihr seid euch doch so nah?" Ich fragte sie, was sie genau damit meinte. Sie hielt sich nicht zurück und warf mir an den Kopf, ich hätte eine, wie sie es nannte, „lesbenähnliche" Beziehung zu einem der Teammitglieder. Ich war völlig sprachlos. Es war, als ob ein Dolch mein Herz durchdrungen hätte.

Der Vorwurf traf mich deshalb so hart, weil er in einem christlichen Umfeld erfolgte, in dem Sex außerhalb der Ehe als Sünde angesehen wurde, und gleichgeschlechtlicher Sex erst recht. Außerdem war ich auf eine solche Anschuldigung nicht vorbereitet, weil ich normalerweise sehr beliebt bei den Kollegen und von Haus aus ein sehr vertrauensvoller und argloser Mensch war. Doch in diesem Moment verlor ich mein treuherziges Vertrauen in meine Mitmenschen. Die Wahrheit ist, dass ich mich damals mit spirituellen Fragen des Lebens beschäftigte und Sex und körperliche Bedürfnisse als etwas betrachtete, das der Spiritualität entgegenstand. Folglich habe ich meinen körperlichen Bedürfnissen nie viel Aufmerksamkeit geschenkt. Wahrscheinlich war ich ein bisschen naiv. Auch wenn ich mit männlichen Freunden bekannt war, hatte ich noch keine sexuellen Erfahrungen gemacht. Wie konnte ich also mit Sicherheit wissen, was meine sexuelle Identität war? Ich beschloss, den Rest des Teams zu fragen, ob sie die gleiche Wahrnehmung gemacht hatten wie die eine Kollegin. Alle verneinten.

In den letzten Monaten hatte ich eine wunderbare Freundschaft mit einer der jungen Frauen aus dem Team entwickelt. Sie war zu dieser Zeit meine beste Freundin und ich schätzte sie sehr. Sie machte eine schwierige Zeit durch, und da ich ihre Freundin und noch dazu Teamleiterin war, kam ich immer zur Hilfe und tröstete sie, wenn sie aufgebracht war oder Verzweiflung verspürte. Eine der wirksamsten Methoden war, sie zu umarmen. Laut Gary Chapman, dem amerikanischen Autor des Buches *Fünf Sprachen der Liebe*, haben die meisten Menschen eine oder zwei Liebessprachen, die dominieren – manche Menschen zeigen ihre Liebe und Zuneigung durch körperliche Berührung, während andere es vorziehen, ihre Liebe verbal oder durch ein Geschenk, praktische Hilfe oder Zeit mit jemandem zu auszudrücken. Um herauszufinden, welche unsere wichtigsten Liebessprachen sind, können wir einfach unsere Reaktion auf diese verschiedenen Ausdrucksformen betrachten. Diejenige Handlung, die uns das Gefühl gibt, am meisten geschätzt zu werden, ist wahrscheinlich unsere primäre Liebessprache.

Heute weiß ich, dass körperliche Berührung meine vorherrschende Liebessprache ist, und wenn ich Mercedes' Beziehung zu anderen beobachte, denke ich, dass ihre es auch war. Es schien für sie ganz natürlich zu sein, auf andere mit irgendeiner Art von körperlicher Berührung zu reagieren, sei es durch Umarmen, Händchenhalten, Küssen oder sich an jemanden anzulehnen. Ich kann in ihrem ausdrucksstarken Verhalten viel von mir selbst erkennen, und heute weiß ich, dass es ein natürlicher Teil von mir selbst ist. Aber als junges Mädchen war ich mir meiner Liebessprache nicht bewusst, genauso wenig wie ich wusste, dass ich eine existenzielle Blessur mit mir herumtrug, weil ich nicht genug mütterliche Zärtlichkeit und Fürsorge erhalten hatte, und dass mein Gehirn auf einer angeborenen Mission war, diese Bedürfnisse zu stillen. Ich wusste auch nichts über das Hormon und die neurochemische Substanz Oxytocin, die ausgeschüttet wird, wenn wir jemandem für dreißig Sekunden oder länger ganz nahestehen. Oxytocin, auch als Bindungshormon bekannt, hat eine beruhigende Wirkung auf das Nervensystem, indem es das Stresshormon Cortisol senkt, so dass mich Nähe einfach beruhigte. Als dreiundzwanzigjähriges Mädchen mit einer enormen Verantwortung in einem fremden Land brauchte ich die Nähe und das Oxytocin, um mich sicher zu fühlen und Stress abbauen zu können. Es war nichts Sexuelles. Dennoch geisterten die Vorwürfe noch jahrelang in meinem Kopf herum.

Viele Jahre lang habe ich niemandem von diesem Erlebnis erzählt. Ich war immer noch von einer religiösen Denkweise beeinflusst und schämte mich für die Bezichtigung, obwohl ich unschuldig und nichts anderes als ein normaler, liebevoller Mensch war.

Ich hatte mich sehr um spirituelle Praktiken bemüht und war wahrscheinlich für einige ein spirituelles Vorbild geworden. Meine hohen Ansprüche an mich selbst und an das, was ich glaubte, dass andere von mir erwarteten, hinderten mich daran, offen über den Vorfall zu sprechen. Aber indem ich es für mich behielt, verstärkte sich meine Scham, denn Scham blüht und gedeiht im Verborgenen. Und in dem Maße, wie die Scham in mir größer wurde, trat auch das „Was wäre, wenn" in den Vordergrund, eine Frage, die ich mir über meine sexuelle Identität stellte. Als ich mit vierunddreißig Jahren heiratete, war ich, wie Mercedes es ausgedrückt hätte, immer noch ein „braves Mädchen" ohne sexuelle Erfahrung. Es dauerte viele Jahre, bis ich meinem Mann erzählen konnte, was mir damals widerfahren war. Als ich es schließlich tat, begegnete er mir mit viel Liebe und Verständnis. Meine Scham verschwand wie eine geplatzte Seifenblase.

Fünfundzwanzig Jahre nach dem Vorfall traf ich die Frau, der ich einst in Indien nahegestanden war, wieder und fragte sie, ob die Anschuldigungen irgendwelche Folgen für sie gehabt hätten. Es stellte sich heraus, dass es sie überhaupt nicht betroffen hatte; sie wusste kaum, wovon ich sprach. Der Grund, warum es gerade mich so hart getroffen hatte, war, dass ich mich als Teamleiterin verantwortlich fühlte und dabei viel zu hohe Erwartungen an mich selbst hatte, aber vor allem, weil es mich mit meiner existenziellen Wunde, meiner „Mutterwunde", verband. Jemand kann uns nur dann verletzen, wenn es in uns eine Wunde gibt, in die man stechen kann. Wenn wir keine solchen Wunden haben, sagen wir einfach „Macht nichts" und machen weiter mit unseren Geschäften, wozu ich damals aber nicht in der Lage war.

Denn die meisten von uns haben eine Belastungsgrenze, und meine wurde damit überschritten. Es war, als ob ein Gummiband in mir zu weit gedehnt worden und schließlich gerissen wäre. Ich hatte meine erste richtige Kränkung erfahren und kam zu dem Schluss, dass mit mir etwas nicht stimmte, weil ich es offenbar nicht geschafft hatte, alle glücklich zu machen. Ich befand mich in einem Schockzustand, und meine Dauermüdigkeit erreichte neue Dimensionen. Ich hatte Probleme, nachts einzuschlafen, weil mein Gehirn die Situation immer wieder durchspielte und nach einer Erklärung und einem Ausweg suchte. Ich war noch recht jung, doch bereits in hohem Maße ausgebrannt.

EIN JAHR nach dem Vorfall in Indien wurde mein Vater wegen eines Tumors in seinem Magen operiert. Es stellte sich heraus, dass er bösartig war und zu groß, um ihn zu entfernen. Nur drei Tage nach der Diagnose starb er plötzlich an einem Herzinfarkt. Nach seinem Tod wurde mir klar, wie viel Stabilität er der Familie gegeben hatte, indem er einfach für uns da war. Ich verstand, dass sein Leben auch nicht immer einfach gewesen war.

Mit dem Tod meines Vaters wuchs meine Verantwortung in der Familie und insbesondere für meine Mutter. Bald war ich so erschöpft, dass ich begann, gesellschaftliche Zusammenkünfte und Menschen im Allgemeinen zu meiden. Manchmal versteckte ich mich im Badezimmer und schaltete das Licht aus, sodass mich niemand finden konnte. Ich will nicht behaupten, dass ich in irgendeiner Weise prominent war, aber ich stand oft im Zentrum und war immer von vielen Menschen umgeben. Ich kann verstehen, wie anstrengend es für Mercedes gewesen sein muss, Menschen so nahe zu stehen und immer erreichbar zu sein.

Trotz meiner Müdigkeit habe ich mich durch das Lehramtsstudium gekämpft und anschließend viele Jahre als Lehrerin gearbeitet. Später gründeten mein Mann und ich ein Reise- und ein Immobilienbüro und bauten beide Firmen auf. Manchmal frage ich mich immer noch, wie ich das alles geschafft habe. Als ich siebenundvierzig war, suchte ich schließlich eine Therapeutin auf. Sie sagte, es sei ein Wunder, dass ich nicht schon vor lauter Stress tot umgefallen sei. Sie verstand auch nicht, wie ich so lange mit meinen schweren Symptomen zurechtgekommen war. Ich glaube, ich lebte allein von meinem Willen und meinem Optimismus, oder vielleicht war ich auch süchtig nach Arbeit geworden.

Die Forschung hat gezeigt, dass es einen Zusammenhang zwischen chronischem Stress und Suchtverhalten gibt. Manche Menschen werden zu Alkoholikern, Drogensüchtigen, Kaufsüchtigen oder entwickeln andere Störungen, um ihren inneren Schmerz zu unterdrücken. Ich hatte mich zu einer extrem harten Arbeiterin entwickelt. Es hat mir einen Kick gegeben, Ergebnisse zu erzielen. Arbeitssucht ist wahrscheinlich die einzige Sucht, abgesehen von Sportsucht, die als Tugend angesehen wird. Obwohl die Arbeitssucht wie andere Süchte auch ein Mittel zur Bewältigung oder Betäubung von Gefühlen ist, ist sie gesellschaftlich akzeptiert. Arbeitssüchtige Menschen gelten als ehrgeizig, was es sehr schwierig macht, dass sie ihr Problem erkennen. Aber wie andere Formen der Sucht kann auch die Arbeitssucht erhebliche gesundheitliche Folgen haben und psychosomatische Symptome auslösen, wie es bei mir der Fall war.

Ich fühlte mich energiegeladen, solange ich arbeitete. Wenn ich müde war, habe ich manchmal eine lange Aufgabenliste geschrieben und dann wieder angefangen zu arbeiten. Ich konnte einfach immer weitermachen, ohne Pausen einzulegen. Wenn ich langsamer wurde oder mich gar ausruhte, bekam ich schreckliche Kopfschmerzen oder fühlte mich schwindelig. Es war so wie ein Katergefühl. Später verstand ich, dass ich einen Lebensstil führte, der durch Adrenalin befeuert wurde, das eine ähnliche Wirkung auf das Nervensystem hat wie Amphetamine. Ohne dass ich es wusste, bedeutete dies, dass ich immer schneller auf eine chronische Erschöpfung zusteuerte.

UND DOCH geschahen in meinem Leben glücklicherweise auch positive Dinge. Im August 1998 verlobte sich meine beste Freundin. In den letzten sechs Jahren hatten wir die meiste freie Zeit zusammen verbracht, und so fiel es mir schwer zu akzeptieren, dass ich sie verlieren würde. Ich hatte sonst niemanden, der mir so nahestand und beschloss daher, etwas zu unternehmen. Ich meldete ich mich zu einer Single-Party in der Nähe meines Wohnortes an, und am 29. August 1998, einem Spätsommerabend, stieg ich in meinen alten roten Audi und machte mich auf den Weg in meine Zukunft.

Das Treffen begann mit einem Abendessen, und ich saß neben einem groß gewachsenen, gutaussehenden Mann. Er war Maschinenbauingenieur und hatte die Welt bereist, genau wie ich. Wir kamen ins Gespräch, und ein Funke sprang über. Mir war es, als ob ich die Einzigartigkeit in seiner DNA erkannte. Er erschien mir als warmherziger, aufrichtiger und fürsorglicher Mensch mit Humor und Intelligenz, und das sprach mich an. Als ich neben ihm saß und wir uns unterhielten, hatte ich das Gefühl, nach einer langen Reise endlich zu Hause anzukommen. Ich fühlte mich sicher und in guter Gesellschaft, und nach nur einer Stunde wusste ich, dass er der richtige Mann für mich war. Als der Abend zu Ende ging, zögerte ich nicht lange und fragte ihn, ob er in seiner Expertise als Ingenieur mein altes Auto kurz inspizieren könnte. Es war eine Anmache, nur um eine Chance zu bekommen, mit ihm allein zu sein. Mein Auto war fünfundzwanzig Jahre alt, der Lack war verblasst, und ich hatte die bleichen Stellen mit Spray ausgebessert, ganz allein. Es sah aus wie gebatikt. Als er es sah, sagte er: „Ich bin übrigens auch Automechaniker."

Ich hatte völlig vergessen, dass ich jemandem eine Mitfahrgelegenheit versprochen hatte, so aufgeregt war ich. Nach sechs Wochen machte er mir einen Antrag, und wir heirateten nur acht Monate, nachdem wir uns kennengelernt hatten. Keiner von uns zweifelte daran, dass wir füreinander bestimmt waren.

Als wir uns kennenlernten, arbeitete ich als Lehrerin und mein zukünftiger Mann wie gesagt als Ingenieur, aber wir wollten mehr Kontrolle über unser Leben erlangen. Zu dem Zeitpunkt waren wir beide ausgelaugt von unseren bisherigen Karrieren und hofften, ein Leben außerhalb der Tretmühle einer Angestelltenexistenz zu führen und den Stress zu reduzieren. Kurz nach unserer Heirat entschlossen wir uns daher, ein Reisebüro und ein Immobilienbüro zu gründen, ohne jegliche

Erfahrung mit der Selbständigkeit zu haben. Es war unglaublich harte Arbeit, aber es ging uns ganz gut, bis die Finanzkrise von 2008 Europa erreichte. Als sie kam, gerieten wir unter starken finanziellen Druck und hatten Mühe, uns über Wasser zu halten. Das Reisebüro hatten wir wegen der Konkurrenz aus dem Internet bereits geschlossen und konzentrierten uns ganz auf unser Immobilienbüro. Wir hatten uns auf exquisite Immobilien spezialisiert und besaßen das Monopol für den Verkauf an dänische Kunden für die in Miami ansässige Immobilienfirma Fisher Island, die Bauträger eines der luxuriösesten Resorts an der Costa del Sol in Spanien war. Dieses prestigeträchtige Projekt brachte uns in Kontakt mit einigen der reichsten Investoren Dänemarks. Einer unserer VIP-Kunden wollte so eine luxuriöse Villa kaufen, und wenn wir diesen Verkauf abschließen würden, könnten wir eine Provision in der Höhe eines Jahreseinkommens für uns beide herausschlagen und damit auch auf den Verkauf unseres Hauses verzichten. Für uns stand viel auf dem Spiel, und so waren wir natürlich erleichtert, als unser Kunde drei Tage nach der Besichtigung der Immobilie bestätigte, dass er sie kaufen wolle. In der Folge arbeiteten wir fünf Wochen lang mit spanischen Architekten an einigen gewünschten Änderungen der Villa, bevor der Käufer schließlich zur Unterzeichnung des Kaufvertrags in Spanien eintraf.

Am Anfang schien alles in Ordnung zu sein, aber Minuten vor der Unterzeichnung entschied er sich unerwarteterweise dagegen. Mein Herz begann zu pochen. Mein Mund wurde trocken, und ich war völlig sprachlos. Alles, woran ich denken konnte, war, wie wir jetzt finanziell über die Runden kommen würden. Ich hatte Angst vor der Zukunft und das Gefühl, dass das Leben mich im Stich gelassen hatte oder, wie Mercedes es ausdrücken würde, dass Gott mich im Stich gelassen hatte. Wenn ich stattdessen darauf vertraut hätte, dass das Leben das Beste aus allem macht, was uns widerfährt, wäre ich damals nicht so von der Existenzangst erfasst worden. So wie Mercedes vorher nicht wusste, dass das Exil ihr neue Türen öffnen und ihre Karriere und Darstellungskraft bereichern würde, hatte ich keine Ahnung, dass unser Kunde uns einen großen Gefallen getan hatte; ich brauchte fünf Jahre, um zu begreifen, dass es ein verstecktes Geschenk war.

Die erste Herausforderung bestand darin, zurück nach Dänemark zu kommen, da wir kein Geld hatten, um das Auto für die dreitausend Kilometer lange Reise zu betanken. Zum Glück half uns ein guter Freund mit einem Kredit aus, und so packten wir unsere Sachen ins Auto und fuhren nach Norden. Wir sprachen nicht viel – unsere Gedanken waren noch dabei, das Geschehene zu verarbeiten. Es war Frühlingsanfang in Spanien, als wir die Straßen nach Hause entlangfuhren. Zu unserer Linken waren die Hänge der Sierra Nevada noch mit Schnee bedeckt, während zu unserer Rechten schon die Mandel- und Zitrusbäume blühten – aber unsere Hoffnung war dahin.

Als wir an einem kühlen, nebligen Februarmorgen zu Hause ankamen, begannen wir sofort, den Dachboden auszuräumen und unsere Sachen in Kisten zu packen, denn wir wollten unser Haus so schnell wie möglich verkaufen, bevor wir gezwungen waren, es zu versteigern. Aber es dauerte eineinhalb Jahre, bis sich ein Käufer fand. In der Zwischenzeit waren die Immobilienpreise gefallen, und wir hatten am Ende Schulden, von denen wir nicht wussten, wie wir sie abbezahlen sollten. Wir waren bereit, jede Arbeit anzunehmen, die wir bekommen konnten. Ich bekam einen Job als Handelsvertreterin für Camel-, Rodania-, Mondaine- und Luminox-Uhren. Ich klapperte alle besseren Uhrenhandlungen in Jütland, der größten Region Dänemarks, ab und musste feststellen, dass die Krise auch die Händler getroffen hatte. Keiner wollte neue Ware kaufen, bevor er nicht seine Lagerbestände losgeworden war.

Ich war selbständig und musste das Benzin aus eigener Tasche bezahlen. Die Provisionen, die ich machte, konnten gerade die Benzinkosten abdecken, so dass ich vier Monate lang ohne wirkliches Einkommen arbeitete. Mein Mann hatte angefangen, in einem Verlag zu arbeiten, aber nach drei Monaten hatte er noch keinen Lohn erhalten. Irgendetwas war faul an der Sache. Wir wohnten in der Nähe des Lagerhauses für die Zeitungen, und eines Abends sahen wir, wie es in Flammen aufging. Es stellte sich heraus, dass der Arbeitgeber meines Mannes versucht hatte, Versicherungsbetrug zu begehen, und zu einer Gefängnisstrafe verurteilt wurde, weil er das Gebäude angezündet hatte. Die Firma wurde geschlossen, und mein Mann wurde nie bezahlt.

Es gelang mir, einen Teilzeitjob als Empfangsdame in einem Konferenzzentrum zu bekommen, aber abgesehen davon hatten wir fast drei Jahre lang kaum ein nennenswertes Einkommen. Dänemark ist bekannt für seine guten Sozialleistungen, aber das galt nicht für Selbständige wie uns. Wir hielten an unserem Immobilienunternehmen fest, da wir immer noch einige vermögende Investoren an der Angel hatten, die luxuriöse Häuser kaufen wollten. Doch als wir in der Zeitung lasen, dass einer dieser Kunden, einer der größten Investoren in Dänemark, in

Konkurs gegangen war, beschlossen wir schließlich, unser Unternehmen dichtzumachen.

Wir waren gezwungen, Kredite aufzunehmen, aber auf lange Sicht konnten wir keine weiteren Schulden machen. Wir hatten fast kein Geld mehr für das Nötigste, wie Lebensmittel und medizinische Versorgung. Ich kaufte keine fleischlosen Knochen auf dem Markt, wie es Mercedes getan hatte, aber ich kaufte Lebensmittel mit dem letzten Verfallsdatum, um sie billiger zu bekommen, und ich durchsuchte das Haus nach Münzen oder Sachen, die ich verkaufen konnte, bevor ich einkaufen ging. Nur wenige Menschen wussten von unserer Situation, aber die, die es wussten, unterstützten uns und halfen uns mit Lebensmitteln aus.

Mindestens zwei Jahre lang lebten wir weitgehend von Spenden von Freunden und unserer Familien. Es war eine berührende Erfahrung, auch wenn es nicht immer leicht war für unsere Spender, von denen die meisten kein großes finanzielles Polster hatten. Ich kann die Erfahrung von Mercedes nachempfinden, die von der Solidarität ihrer Künstlerkollegen zutiefst bewegt war, als sie mit Fabián auf sich allein gestellt war und nach ihrer Scheidung von Oscar Matus mit ähnlichen finanziellen Problemen zu kämpfen hatte.

Wir waren in der Tat in einer problematischen Situation. Ich wachte oft nachts mit Herzklopfen auf und konnte nicht mehr einschlafen. Ich machte mir Sorgen, was aus uns werden würde, wenn sich der Verkauf des Hauses weiter hinziehen sollte. Um damit fertig zu werden, konzentrierte ich mich auf die Gegenwart und dankte dem Leben dafür, dass ich existiere, ganz so wie Mercedes.

Doch ich fühlte mich in die Enge getrieben. Mir fiel die Geschichte von dem Mönch ein, der im Dschungel spazieren ging und von einem hungrigen Tiger überrascht wurde. Der Tiger jagte hinter ihm her, und der Mönch rettete sich an einem Seil in eine Schlucht hinunter. Doch auf halbem Weg nach unten stellte er fest, dass das Seil nicht lang genug war und ein Sprung auf die zerklüfteten Felsen am Boden sein Todesurteil bedeuten würde. Über ihm lauerte der Tiger, begierig darauf, seine Beute zu erlegen.

Während der Mönch über seinen nächsten Schritt nachdachte, sah er zwei kleine Mäuse an seinem Seil nagen und erkannte, dass er keinen Ausweg mehr hatte. Dann entdeckte er eine Erdbeere, die nur eine Armlänge von ihm entfernt aus einem kleinen Spalt in der Wand der Schlucht wuchs. Er griff danach, pflückte sie, aß sie und sagte: „Das ist die beste Erdbeere, die ich je in meinem ganzen Leben gegessen habe." Ich konnte unsere Situation auch nicht lösen, aber ich begann, viele Erdbeeren zu essen.

DER STRESS, den wir erlebten, betraf auch meinen Mann, aber wir reagierten unterschiedlich darauf: Er zog sich emotional zurück, und ich wurde hyperaktiv. Es wäre leicht für uns gewesen, uns gegenseitig zu beschuldigen für die Situation, in die wir geraten waren. Stattdessen verbrachten wir viel Zeit damit, darüber zu sprechen, wie das alles auf uns wirkte. Wir begannen zu verstehen, dass es einen direkten Zusammenhang gab zwischen unseren jetzigen Reaktionen auf die Probleme und den Reaktionen, die wir in unserer Kindheit auf alle möglichen Widrigkeiten hatten. Und diese Reaktionen waren in jedem von uns unterschiedlich. Je mehr sich mein Mann zurückzog, desto mehr versuchte ich, die Dinge wieder ins richtige Fahrwasser zu bringen, und je mehr ich das versuchte, desto mehr blieb er festgefahren. Rückblickend erkannten wir, wie diese Probleme unsere persönliche Entwicklung beeinflussten und unsere Beziehung stärkten. Wir erlangten neue Erkenntnisse über uns selbst und über andere. Wir begannen, aufmerksamer zuzuhören und unser Einfühlungsvermögen zu stärken. Ohne dieses Einfühlungsvermögen hätten wir leicht in die Irre geführt werden können. Stattdessen lernten wir, wie zwei Menschen in der gleichen Situation zu unterschiedlichen Schlussfolgerungen kommen und unterschiedlich reagieren können, ohne dass beides richtig oder falsch ist, nur weil wir die Dinge anders sehen. Das Verständnis für die Einsichten des jeweils anderen und durch welche Brille jeder von uns die Dinge sieht, half uns, uns gegenseitig zu unterstützen. Es entfachte unsere Liebe, und wir vermieden es, uns zu streiten und uns gegenseitig für die triste Lage Schuld zuzuweisen, so wie es der spirituelle Führer Thích Nhất Hanh so schön ausdrückt.

„Wenn man einen Salat anpflanzt und er nicht gut wächst, gibt man nicht dem Salat die Schuld. Man sucht nach Gründen, warum er nicht gut gedeiht. Vielleicht braucht er Dünger, mehr Wasser oder weniger Sonne. Man gibt nie dem Salat die Schuld. Wenn wir jedoch Probleme mit unseren Freunden oder unserer Familie haben, geben wir der anderen Person die Schuld. Aber wenn wir erkennen, wie wir uns am besten um sie kümmern, werden sie gedeihen, wie der Salat. Beschuldigungen haben keinerlei positive Auswirkungen, ebenso wenig wie der Versuch, mit Argumenten und Vernunft zu überzeugen. Das ist meine Erfahrung. Keine Schuldzuweisungen, keine Argumente, keine Belehrungen, nur Verständnis. Wenn du verstehst und das auch zeigst, kannst du lieben, und die Situation wird sich ändern."

IM JAHR 2010, nach der endgültigen Schließung unserer Unternehmen, wurde bei mir ein chronisches Müdigkeitssyndrom diagnostiziert. Wie bei Mercedes war meine Gesundheit durch eine Kombination aus übermäßiger Arbeit, Unterdrückung meiner Gefühle und den psychischen Belastungen, die ich mein ganzes Leben ausgesetzt war, beeinträchtigt. Ich wurde allerdings nie ärztlich behandelt, abgesehen von meinen Schlafstörungen und meinen Kopfschmerzen. Die Rückmeldung, die ich von den Fachärzten erhielt, war, dass meine Leiden eine „normale Reaktion auf ein unnormales Leben" seien.

Die Arbeitsfähigkeit meines Mannes war ebenfalls beeinträchtigt, und nach Gesprächen und Tests kamen Ärzte und Spezialisten zu dem Schluss, dass wir beide nicht mehr arbeiten konnten und dass es keine Heilung gäbe. So wurden wir beide in den Vorruhestand versetzt, obwohl wir erst in den Vierzigern waren. Wir fühlten uns festgefahren und sahen keinen Ausweg mehr. Es war, als hätten sich alle Türen für uns geschlossen.

Normalerweise hatte ich immer einen Plan B oder sogar einen Plan C für solche Situationen, aber diesmal konnte ich mir keinen Ausweg überlegen. Früher war ich es gewohnt, Probleme zu lösen, aber diesmal befand ich mich in einer Lage, die ich nicht mehr ändern konnte. Es war beängstigend, die Kontrolle über mein Leben zu verlieren. Für uns war es zwar eine große Erleichterung, nun eine Rente zu bekommen, aber dieser Zustand war auch irgendwie mit Kummer verbunden. Was würde aus unseren Träumen von einem Umzug in ein exotisches Land und von finanzieller Freiheit werden? Und außerdem würden wir unsere Schulden lange Zeit nicht mehr begleichen können.

Der finanzielle Druck, der über allem schwebte, hat mich völlig umgeworfen. Ich war an einem Punkt angelangt, an dem ich nicht mehr die geringste Belastung oder Aufregung ertragen konnte, ohne dass ich allergisch reagierte. Mein Körper war nicht mehr leistungsfähig genug, und meine kognitiven Fähigkeiten waren durch den chronischen Stress und den erhöhten Cortisolspiegel stark beeinträchtigt. Ich litt ständig unter starken Kopfschmerzen und war extrem lärmempfindlich. Ich konnte immer nur mit einer Person zu einer bestimmten Zeit zusammen sein, und ich konnte mich nicht an einem Gespräch beteiligen, wenn im Hintergrund Musik oder andere Personen zu hören waren. Als Missionarin, Lehrerin und Handelsvertreterin habe ich viele Menschen in meinem Leben kennengelernt, aber jetzt wurde ich allein vom Zusammensein mit anderen Menschen sehr müde, selbst mit denen, die ich am meisten schätzte. Manchmal musste ich mitten in einem Gespräch aufhören und meinem Gegenüber sagen, dass ich eine Pause brauche, weil mein Gehirn nicht noch mehr Informationen verkraften konnte. Wenn ich einkaufen ging, mied ich die großen Supermärkte, in denen ich leicht die Orientierung verlor und allein durch die Suche nach dem Nötigsten erschöpft wurde.

Das Schlimmste von all diesen Beeinträchtigungen war jedoch das Gefühl, nicht anwesend zu sein. Ich hatte das Gefühl, die Welt durch ein Glas zu betrachten oder mein Leben von außen zu sehen, als wäre es ein Film. So wie ihre Verdrängungen Mercedes daran gehindert hatten, sich ihrem Kummer zu stellen, war meine Abkopplung von der Wirklichkeit ein Abwehrmechanismus, den mein Gehirn entwickelt hatte, um meine Qualen zu lindern. Jedes Mal, wenn ich solche traumatischen Erfahrungen machte, hatte ich das Gefühl, dass ich etwas von meiner Verbindung zu mir selbst verlor.

Während dieser Zeit hatte ich keinen Kontakt zu meiner Mutter. Als der Druck auf mich wuchs und ich die Folgen meines stressigen Lebensstils spürte, begann ich zu erkennen, wie meine Kindheit mein Erwachsenenleben beeinflusst hatte. Das stressige Umfeld, in dem ich wegen der Krankheit meiner Mutter aufgewachsen war, und der Mangel an emotionaler Unterstützung hatten zu diesem Ausgebranntsein geführt, für das ich meine Mutter verantwortlich machte. Ich hatte das Gefühl, dass sie mir eine Last auferlegt hatte, die für ein Kind in meinem Alter viel zu groß war. Ich verstand auch, was ich in meiner Kindheit und Jugend verpasst hatte. Es war ein quälender Prozess, und ich brauchte eine Auszeit, um zu trauern und meine Wut loszuwerden, die aus meiner Vergangenheit stammte.

Ich war dabei, meine Zukunft zu verlieren, also wollte ich unbedingt mein Leben zurückgewinnen. Nicht das adrenalingetriebene Leben, das ich kannte. Ich musste lernen, wieder richtig zu leben. Ich musste ein menschliches Wesen werden, anstatt einfach nur zu funktionieren. Zu lange hatte ich das leise Flüstern meiner Seele überhört, das mir sagte, ich solle mich nicht so sehr anstrengen. Ich war entweder zu beschäftigt gewesen, um es hören, oder einfach zu ahnungslos.

Unter diesen schwierigen Umständen, körperlich, emotional und finanziell ausgelaugt, hörte ich zum ersten Mal von Mercedes Sosa. Meine Begegnung mit ihr wurde zum Katalysator für meine Reise zurück ins Leben. Wie Leonard Cohen in dem Lied „*Anthem*" (Lobgesang) singt, gibt es in allen Dingen einen Riss, durch den das Licht eindringen kann. Mercedes Sosa wurde zu diesem Lichtstrahl, der durch meine Risse hindurchschien.

Meine heilsame Reise mit Mercedes Sosa

AM 4. OKTOBER 2009, als ihr Tod in den Nachrichten verkündet wurde, sah ich Mercedes Sosa zum ersten Mal. Es gab eine sehr kurze Sequenz, in der sie 1980 bei einem Akustikkonzert in der Schweiz „*Gracias a la Vida*" sang. Der Videoclip war weniger als eine Minute lang, aber er reichte aus, um meine Neugierde zu wecken. Ich musste einfach mehr über diese Frau herausfinden. Ich ging sofort zu meinem Computer, um im Internet nach ihr zu suchen. Am nächsten Tag erhielt ich eine E-Mail von einer reizenden Dame, die ich drei Monate zuvor bei einem Urlaub in Österreich in einem Ferienhaus kennen gelernt hatte. Was sie mir schrieb, machte mich noch neugieriger:

„Gestern ist Mercedes Sosa, eine argentinische Sängerin, gestorben. Ihre Tiefe, ihre Ehrlichkeit und ihr Glaube erinnern mich an Sie! Ich bin tief betroffen, dass diese Welt eine so kraftvolle, mutige und ehrliche Frau verloren hat. Ich hoffe wirklich, dass eine Energie wie diese auf diesem Planeten bestehen bleibt, oder sich vielleicht sogar ausbreiten kann."

Das Erste, was mir an Mercedes auffiel, war ihre Authentizität. Ich konnte spüren, dass sie ein Mensch von großer Integrität war. Was sie zum Ausdruck brachte, schien völlig im Einklang mit dem zu stehen, was sie war. Ich konnte spüren, wie Liebe aus ihr herausströmte, und sie berührte etwas tief in mir. Als ich ihr zuschaute und ihren Liedern lauschte, liefen mir die Tränen über die Wangen. Besonders ihre Augen hatten es mir angetan. Ich musste das Musikvideo anhalten, um ihren Gesichtsausdruck genau studieren zu können.

Es kamen mir noch mehr Tränen. Ich hatte das Gefühl, dass sie mich direkt ansah, und das mit einer unbeschreiblichen Zärtlichkeit. Es erinnerte mich daran, wie eine gute Freundin von mir, Pauline Skeates, eine Psychotherapeutin aus Neuseeland und Begründerin der Insight Focused Therapy, mich einmal während eines Urlaubs in Budapest angeschaut hatte.

An diesem Abend saßen wir beim Abendessen im berühmten Hotel Gellért in der ungarischen Hauptstadt und genossen den Blick auf die Stadt, durch die sich die Donau schlängelte. Wir hatten ein Seminar für Psychologiestudenten in Rumänien absolviert und saßen einfach nur da und ließen es uns gutgehen.

Während ich sprach, wurde der Blick Paulines plötzlich sehr intensiv. Ich hatte das Gefühl, dass sie mich mit Bewunderung ansah, und so wurde ich ein wenig verlegen und wandte mein Gesicht ab. Doch sie bat mich, ihren Blick zu erwidern, und mit Augen voller Mitgefühl sagte sie mir, dass sich in ihr nur spiegeln würde, was sie in mir sah. Sie hatte in der Tat meine existenzielle Wunde erkannt und mir etwas vermittelt, wozu meine Mutter nie imstande war. Es war eine schöne Erfahrung, die aber auch einen tiefen Schmerz auslöste. Ich hatte den sehnlichsten Wunsch, dass Pauline mich weiterhin auf diese Art anblickte, aber da sie am anderen Ende der Welt lebte, war das nicht möglich. Bei Mercedes Sosa konnte ich mich jederzeit und so lange ich es brauchte spiegeln lassen. Ihr Blick sagte mir: „Ich sehe dich, und in meinen Augen bist du wunderbar."

So gesehen zu werden, wie ich war, und dabei diese Intensität zu spüren, machte mich verletzlich, war aber heilend zugleich. Ich hatte einen Weg gefunden, dem kleinen Mädchen in mir all die Liebe und Fürsorge zu geben, die es brauchte, und die Person zu werden, die ich geworden wäre, wenn ich diese liebevolle Aufmerksamkeit in meiner Kindheit gehabt hätte.

NACH EINIGER Zeit merkte ich, dass Mercedes Sosa eine beruhigende Wirkung auf mein Nervensystem hatte, das seit meiner Kindheit mit chronischem Stress überlastet war. Stress ist nicht immer etwas Schlechtes, denn er kann uns helfen, mehr zu erreichen, unsere Energie zu steigern und uns zu konzentrieren, aber ein ständiges Leben mit hohen Werten der Stresshormone Adrenalin und Cortisol führt dazu, dass die Stressreaktionen des Körpers, Kampf oder Flucht, immer alarmbereit sind. Mit der Zeit kann dies sowohl unserem Körper als auch unserem Gehirn immensen Schaden zufügen. Cortisol verzehrt buchstäblich das Gehirn und lässt es schrumpfen. Es wirkt sich auf drei Bereiche in unserem Gehirn aus: den Hippocampus, den präfrontalen Kortex und die Amygdala. Infolgedessen werden unser Gedächtnis, unsere Lernfähigkeit und unsere Stresskontrolle beeinträchtigt, ebenso wie unsere Entscheidungsfindung, unser Urteilsvermögen und unsere sozialen Interaktionen. Gleichzeitig nehmen die neuronalen Verbindungen im Angstzentrum des Gehirns, der Amygdala, zu. Es sind nicht nur Hektik oder akute Gefahren, die einen Anstieg der Stresshormone verursachen können. Wenn unser Umfeld und unsere Beziehungen dysfunktional und voller Spannungen sind, veranlassen sie uns, ständig auf der Hut zu sein. Wenn ein Kind mit Eltern aufwächst, die sich nicht verstehen, oder mit der Krankheit eines Elternteils, wie in meinem Fall, führt das zu ständigem Stress.

Interessanterweise hat die Forschung gezeigt, dass es einen Zusammenhang gibt zwischen der Art und Weise, wie wir mit Stresssituationen umgehen, und dem Ausmaß an Fürsorge, das wir in unserer frühen Kindheit erhalten haben. Ein Experiment mit Ratten hat gezeigt, dass das Ausmaß der Fürsorge, das eine Rattenmutter ihrem neugeborenen Baby angedeihen ließ, entscheidend dafür war, wie das Baby später im Leben auf Stress reagierte. Das Baby einer fürsorglichen Mutter reagierte weniger empfindlich auf Stress, weil sein Gehirn mehr Cortisolrezeptoren entwickelte, die die Stressreaktion dämpften. Rattenbabys von vernachlässigenden Müttern hingegen reagierten ihr Leben lang empfindlicher auf Stress, weil ihre Gene beeinflusst sind.

Die schlechte Nachricht war, dass das Experiment zeigte, dass die Stressreaktionen von einer einzigen Mutter an viele Generationen von Ratten weitergegeben werden können, ohne dass diese Babys selbst direktem Stress ausgesetzt waren. Die gute Nachricht ist jedoch, dass die Stressempfindlichkeit der

Rattenbabys aufgehoben wurde, wenn die vernachlässigende mit einer fürsorglichen Rattenmutter ausgetauscht wurde.[48] Die Forschung hat gezeigt, dass sich die Stressempfindlichkeit auch beim Menschen umkehren lässt, und ich glaube, dass die geistige „Fürsorge" durch Mercedes für mich Teil eines solchen Umkehrprozesses war.

NACH MEINER Entdeckung von Mercedes Sosa setzte ich mich täglich hin und praktizierte Achtsamkeit, eine Meditationsform, die ich von meiner Freundin aus Neuseeland gelernt hatte. Ich saß still da und atmete tief ein und aus, ohne etwas zu planen; ich achtete nur auf den gegenwärtigen Moment und auf das, was in meinem Kopf vor sich ging.

Wissenschaftler haben die Gehirne von Menschen untersucht, die acht Wochen lang etwa eine halbe Stunde pro Tag achtsam meditiert haben. Sie fanden heraus, dass diese Praxis die Dichte des präfrontalen Kortex erhöht, der für die Lenkung unserer instinktiven emotionalen Reaktionen, wie etwa Angst, verantwortlich ist, und die Größe der Amygdala, dem Zentrum der Kampf-oder-Flucht-Reaktion des Gehirns, verringert. Darüber hinaus bewirkt Achtsamkeit, dass das Stresshormon Cortisol sinkt und der Neurotransmitter GABA, der wie eine Handbremse wirkt und die Aktivität des Gehirns verlangsamt, steigt. Dies erklärt das durch die Meditation hervorgerufene Gefühl der Ruhe und Erleichterung.

Ich hörte fast immer Lieder von Mercedes, während ich meditierte, und manchmal drangen meine Erinnerungen unaufgefordert in mein Bewusstsein. Wenn unangenehme oder ungelöste Situationen aus meiner Kindheit auftauchten, nutzte ich meine Vorstellungskraft, um mir auszumalen, wie die Situation gewesen wäre, wenn Mercedes bei mir gewesen wäre. Dies wurde zu einem Werkzeug, mit dem ich einen Teil des in mir aufgestauten Schmerzes lindern konnte. Oft fand ich einen Ausdruck auf Mercedes' Gesicht, der gerade in einem bestimmten Moment stark auf mich wirkte. Dann hielt ich das Musikvideo an und begann mit ihr zu sprechen.

Bei der Achtsamkeit geht es nicht nur darum, im Augenblick präsent zu sein, sondern auch darum, auf eine mitfühlende und nicht wertende Weise präsent zu sein. Spontan begann ich, mit meinen Händen über mein Gesicht zu streichen, in langen, langsamen Bewegungen, die dem Rhythmus meines Atems folgten. Wenn ich freundlich und sanft zu mir selbst war und meine Haut auf zärtliche Weise berührte, konnte ich mich mit mir selbst verbinden und mich präsenter fühlen, da dies die Ausschüttung von Oxytocin in meinem Körper bewirkte. Eine liebevolle und akzeptierende Haltung mir selbst gegenüber wurde Teil meiner täglichen Meditationspraxis und einer der Schlüssel zu meiner Genesung.

Mir scheint, dass Mercedes es sehr gut verstand, achtsam und mitfühlend mit sich selbst zu sein. Sie legte oft ihre Hand auf ihr Herz oder ihre Brust, während sie mit geschlossenen Augen sang, als würde sie sich selbst benedeien und gütig zu sich selbst sein. Wahrscheinlich folgte sie einfach ihrer Intuition, so wie ich es auch tat.

Es hat sich gezeigt, dass Güte eine beruhigende Wirkung hat und den Auswirkungen von Stress entgegenwirkt, unabhängig davon, ob die Güte jemand anderem oder sich selbst gegenüber gezeigt wird. Dr. Anna M. Cabeca, Fachärztin für Gynäkologie und Geburtshilfe und Expertin für Frauengesundheit in den Vereinigten Staaten, beschreibt die Beziehung zwischen Oxytocin und Cortisol als zwei Kinder auf einem Schaukelbrett. „Wenn das eine hochgeht, muss das andere runtergehen"[49], sagt sie.

Das ist genau das, was ich an mir erlebt habe. Wenn ich mit einer liebevollen und fürsorglichen Einstellung zu mir selbst meditierte, gab mir das ein Gefühl der Ruhe. Tränen der Erleichterung liefen mir über das Gesicht, wenn ich einer

Erinnerung erlaubte, wiederzukommen, ohne sie zu verurteilen oder zu versuchen, sie zu unterdrücken. Ich reiste zurück in meine Kindheit und durchlebte noch einmal die Ära, bevor ich eine junge Erwachsene geworden war.

Mit Hilfe von Achtsamkeit und Vorstellungskraft schrieb ich mit Hilfe von Mercedes meine Erinnerungen so um, dass die Auswirkungen all meiner Traumata gemildert wurden. Danach machte ich mir Notizen von diesen Erinnerungen und nacherlebten Situationen.

Hier sind drei Einträge, die veranschaulichen, was ich mit Mercedes teilte, als ich mir vorstellte, sie stünde direkt neben mir:

Erster Eintrag

Ich bin acht Jahre alt. Meine Mutter hat sich über etwas aufgeregt und ist weggegangen, und ich habe Angst. Wann wird sie zurückkommen? Habe ich etwas falsch gemacht? Was kann ich tun, um es ihr recht zu machen, wenn sie zurückkommt? Wie kann ich sie glücklich machen? Innerlich weine ich, aber ich will es meinem Vater nicht zeigen. Er wird wahrscheinlich nicht wissen, wie er damit umgehen soll, wenn ich anfange, zu weinen. Ich halte meine Tränen zurück, während er mir ein Märchen vorliest, aber ich höre nicht zu. Ich bin ganz woanders, und alles, was ich fühle, sind Angst und Schmerz. Wir beschließen, eine kleine Überraschung für Mama zu machen; vielleicht freut sie sich, wenn sie zurückkehrt. „Mercedes, bitte nimm mich in den Arm und sag mir, dass alles gut werden wird. Nimm mich mit dir. Nimm mich hier weg. Sag mir, dass es in Ordnung ist, zu weinen."

Zweiter Eintrag

Ich bin zwölf. Wir sitzen am Esstisch. Ich versuche, eine gute Atmosphäre zu schaffen und das Gespräch in Gang zu bringen, aber ich bin so angespannt, weil ich nicht weiß, wie dieses Essen ausfallen wird. Ich spüre schon die Spannung im Raum. Wird meine Mutter wieder ausrasten, den Tisch verlassen und sich im Schlafzimmer einschließen? Und wenn ja, wie bringe ich sie dazu, die Tür wieder zu öffnen? Es kam, wie es kommen musste und am Ende stehe ich vor der verschlossenen Tür und versuche, mit ihr in Kontakt zu treten, aber es herrscht nur Schweigen. Wenn sie doch nur mit mir sprechen würde. Ich rufe nach ihr, aber sie antwortet nicht. Ich gehe spazieren und fühle mich so einsam. Wenn ich doch nur mit jemandem reden könnte, aber ich will nicht, dass jemand erfährt, dass meine Mutter solche Probleme hat. Es ist ein Geheimnis. „Aber jetzt bist du hier bei mir. Ich muss die Last nicht allein tragen, und das Geheimnis mit dir zu teilen, bringt Erleichterung."

Dritter Eintrag

Ich bin sieben Jahre alt. Es ist mein erster Tag in der Schule. Ich bin die letzte von vielleicht hundert Kindern, die in die Klasse gerufen werden. Ich glaube, niemand will mich dabeihaben. Ich weiß damals nicht, dass wir in alphabetischer Reihenfolge aufgerufen werden und mein Mädchenname mit einem der letzten Buchstaben des Alphabets beginnt. Mercedes kommt auf mich zu und stellt sich neben mich. Sie nimmt meine Hand in dieser großen Halle mit all den Menschen. „Die letzte Schülerin zu sein, die in die Klasse gerufen wird, hat nichts damit zu tun, dass dich *niemand haben will. Du bist ein wertvolles kleines Mädchen, das etwas ganz Besonderes ist"*, versichert sie mir.

Nach jeder Reise zurück in meine Kindheit bat ich Mercedes, mich zu unterstützen und ihre Arme um mich zu legen, während ich meine Genesung in Richtung Ganzheit fortsetzte. Meine Bedürfnisse auszudrücken und zu ihnen zu stehen, etwas, das ich als Kind nie tat, hatte an sich schon eine heilende Wirkung. Ich stellte mir vor, wie Mercedes auf mich reagieren würde, was sie zu mir sagen würde, wie sie mich ansehen, mich trösten und meine Tränen trocknen würde. Meine kindliche Angst und Einsamkeit wichen Gefühlen der Erleichterung und des Friedens.

Aber wie war es mir gelungen, die Essenz von Mercedes Sosa zu spüren und sie für meine innere Heilung zu nutzen und mir eine Beziehung mit ihr vorzustellen? Ich beschloss, zu recherchieren, um zu verstehen, warum diese Art Heilung stattfand, und fand die Antwort in den Neurowissenschaften. In den letzten Jahren haben Neurowissenschaftler erforscht, dass der Mensch ein System von Spiegelneuronen besitzt. Die Spiegelneuronen wurden 1990 zufällig von einem experimentellen Neurologen entdeckt, der in seinem Labor die Gehirne von lebenden Affen untersuchte. Als er eines Tages vom Mittagessen ins Labor zurückkehrte und dabei ein Eis aß, bemerkte er, dass das Gehirn eines ihn beobachtenden Affen, der bereits für einen Test vorbereitet war und dessen Gehirnströme abzulesen waren, genauso feuerte, als ob der Affe das Eis selbst essen würde.

Dies gilt auch für das menschliche Gehirn, und es sind die Spiegelneuronen, die uns in die Lage versetzen, uns mit den

Gefühlen und Erlebnissen anderer Menschen zu identifizieren; ohne sie könnten wir keine Empathie zeigen. Daniel Siegel, Professor für klinische Psychiatrie an der UCLA School of Medicine in Kalifornien und Pionier auf dem Gebiet der interpersonellen Neurobiologie, definiert, wie Spiegelneuronen es uns ermöglichen, mit anderen Personen in Verbindung zu treten.

Wenn jemand mit uns kommuniziert, werden Neuronen abgefeuert und die Grenze zwischen uns und anderen aufgelöst, so dass wir im besten Fall die Geistes- und Gemütsverfassung einer anderen Person verstehen und Empathie entwickeln können. Die Spiegelneuronen „…nehmen automatisch und spontan Informationen über die Absichten und Gefühle der Menschen um uns herum auf und erzeugen emotionale Resonanz und Verhaltensnachahmung, indem sie unseren inneren Zustand mit dem der Menschen um uns herum verbinden, sogar ohne die Beteiligung unseres bewussten Verstandes",[50] schreibt Siegel.

Dieses Ergebnis wird durch die Arbeit von Dr. Stephen Porges von der Universität von Illinois in Chicago über das System des sozialen Engagements unterstützt. Porges hat untersucht, wie Bindung zwischen Individuen funktioniert. Er verdeutlicht, dass der Blick in das Gesicht einer anderen Person eine große Wirkung auf uns hat. Er erklärt, dass eine „Neurowahrnehmung der Sicherheit" über den Vagusnerv vermittelt wird. Der Vagusnerv ist eng mit unserer Mitgefühlsreaktion verbunden. Er ist für unser inneres Nervenzentrum – den Parasympathikus – zuständig und funktioniert wie ein Walkie-Talkie, das über elektrische Impulse aus dem Bauch heraus Nachrichten über unsere Gefühle an unser Gehirn sendet. Es ist auch für die Kontrolle unseres Herzschlags verantwortlich und kommuniziert mit unseren Gesichtsmuskeln, insbesondere mit den Muskeln um den Mund und die Augen. Dieses System für soziales Engagement funktioniert automatisch und nimmt Signale von anderen auf, wie etwa Körpersprache, Stimmqualität und Gesichtsausdruck. Auf einer tiefen, unbewussten Ebene haben wir die Fähigkeit, zu erkennen, ob ein Lächeln echt ist oder nicht und ob wir uns sicher genug fühlen können, um mit einer anderen Person in Kontakt zu treten. Wenn dies der Fall ist, vertieft die Freisetzung von Oxytocin die Erfahrung.

Wenn diesem System für soziales Engagement gefällt, was es sieht und hört, beruhigt es uns. Der Therapeut und Flugkapitän Tom Bunn nutzt das sogar aktiv, wenn er mit ängstlichen Fluggästen arbeitet. Er bittet seine Klienten, eine Erinnerung aufzurufen, bei der der Gesichtsausdruck einer Person ihr internes System veranlasst hat, ihre Ängste aktiv zu kontrollieren. Dann bittet er sie, das Gesicht dieser Person mit dem gesamten Flugprozess zu verbinden, vom Start bis zur Landung. Wenn die verschiedenen Momente des Fluges mit beruhigenden Erinnerungen an das Gesicht einer Person verknüpft werden und die Signale an das soziale Bindungssystem gesendet werden, schwächt dies die Stressreaktion und hilft, die Ängste zu kontrollieren.[51] Ohne es zu wissen, nutzte ich intuitiv den Gesichtsausdruck von Mercedes, um mich auf ähnliche Weise zu beruhigen. Diese menschlichen Mechanismen, die Spiegelneuronen und das System des sozialen Engagements, ermöglichen es uns, das angeborene Gute in einem anderen Menschen zu sehen. Die Wissenschaft zeigt, dass das Praktizieren von liebevoller Güte und Mitgefühl unser Wohlbefinden steigert, weil es die Schaltkreise in der linken Seite des präfrontalen Kortex verändert, die mit positiven Gefühlen verbunden sind. Ich entwickelte Empathie und praktizierte liebevolle Güte, als ich meine Aufmerksamkeit auf die Schönheit, Liebe und Authentizität von Mercedes Sosa richtete, und dank des Systems für soziales Engagement wurde meine Begegnung mit ihr zu einer überwältigenden und bewusstseinsverändernden Erfahrung.

DAS RÄTSEL, wie Mercedes eine so belebende Wirkung auf mein Nervensystem haben konnte, wird weiters von Daniel Siegel in seinem Buch *Mindsight* gelüftet, in dem er beschreibt, wie „unsere Empfänglichkeit und unsere Erfahrung, sicher und wahrnehmbar zu sein, dem reaktiven Kampf-, Flucht- und Erstarrungs-Überlebensreflex entgegenwirkt."[51] Mein Überlebensreflex war tatsächlich jahrelang hochreaktiv gewesen, doch Mercedes bewirkte, dass er ausgeblendet wurde, indem sie mir das Gefühl gab, sicher zu sein und wahrgenommen zu werden, auch wenn dies über einen Computerbildschirm geschah. Eine fiktive Beziehung, wie ich sie mit Mercedes Sosa hatte, kann keine realen Beziehungen ersetzen, aber im Zusammenhang mit der Heilung meiner „Mutterwunde" wirkte sie Wunder, denn das Gehirn unterscheidet nicht zwischen dem, was real ist, und dem, was indirekt wahrgenommen wird. Manchmal registriert unser Gehirn eine Bedrohung und versetzt uns in Kampf- oder Fluchtbereitschaft, auch wenn keine wirkliche Gefahr besteht. Diese angeborene Überlebensreaktion erfolgt automatisch, unabhängig davon, ob die Gefahr real ist oder nicht – unser Gehirn will uns einfach nur in Sicherheit wiegen, was erklärt, warum ein Schatten, der wie ein großer Hund aussieht, für jemanden, der von einem Hund gebissen wurde, genauso beängstigend sein kann wie ein echter großer Hund.

Wie die Achtsamkeit kann auch unsere Vorstellungskraft unser Gehirn und unseren Körper anregen. Allein der Gedanke an eine Zitrone kann die gleichen Empfindungen hervorrufen und Speichel produzieren, als ob wir tatsächlich eine Zitrone essen würden. Wenn wir unsere Vorstellungskraft nutzen, um uns vorzustellen, was alles schief gehen kann, etwa wenn wir befürchten, eine Prüfung nicht zu bestehen, kann das Magenschmerzen und Angst auslösen. Da das Gehirn darauf eingestellt ist, auf Gefahren achtzugeben, bleiben beunruhigende und ängstliche Gedanken leichter an uns haften als positive Gedanken. Die gute Nachricht ist, dass wir unsere Vorstellungskraft bewusst einsetzen können, um uns etwas Positives vorzustellen und die Tatsache zu nutzen, dass das Gehirn dazu gebracht werden kann, zu glauben, dass etwas real ist. Meine Vorstellung, dass Mercedes Sosa eine mitfühlende Mutter war, löste eine positive Reaktion aus, die mich sowohl körperlich als auch emotional beruhigte.

Der Grund, warum Mercedes Sosa für mich eine perfekte Fantasiefigur darstellte, lag vor allem darin, dass sie eine Frau war, die perfekt in die Rolle der Mutter passte. Sie strahlte Mitgefühl, Freundlichkeit und Einfühlungsvermögen aus, wodurch ich mich umhegt und behütet fühlte. Dass sie jemand war, der Schmerz und Leid erfahren und all das hinter sich gelassen hatte, ließ mich die Annahme treffen, dass sie sich mit dem identifizieren können würde, was ich durchmachte. Das gab mir Hoffnung, dass auch ich meine Schwierigkeiten überwinden würde. Im Gegensatz zu mir, die ich von meinen Kindheitserlebnissen zerrüttet war, war Mercedes stark, und in meiner fiktiven Beziehung zu ihr würde sie meine Lasten tragen, mich in Sicherheit wiegen und mich behüten. Ihre Fähigkeit, alle Arten von Menschen respektvoll und vorurteilsfrei zu behandeln, gab mir das Selbstbewusstsein, ihr meine Geheimnisse anzuvertrauen, ohne mich dafür schämen zu müssen. Ich fühlte mich geliebt und akzeptiert und empfing ihre Freude und Energie. Auch wenn das alles nur in meiner Vorstellung passierte, nahm mein Gehirn die Erfahrung als real wahr und mein ganzes Wesen reagierte mit Wohlbefinden.

In der Folge konnte ich diese fiktive Beziehung nutzen, um die neuronalen Abläufe in meinem Gehirn zu verändern und mich so von den sich wiederholenden, destruktiven Mustern zu befreien, die durch meine frühen Beziehungen entstanden waren. Die interpersonelle Neurobiologie geht davon aus, dass gesunde Beziehungen für unsere Entwicklung von wesentlicher Bedeutung sind und dass es wichtig ist, unsere Beziehungen zu anderen Menschen zu pflegen, aus dem einfachen Grund, dass positive Beziehungen positive Veränderungen bewirken, die als Resultat eine Heilung initiieren.

Mehr als uns bewusst ist, formen unsere täglichen Begegnungen mit anderen Menschen unser Gehirn zum Guten oder zum Schlechten, denn sie korrelieren mit dem Geist als Ganzes und können den Fokus unserer Aufmerksamkeit und unsere Vorstellungen prägen. Das Gehirn ist das physische Substrat des Geistes. Unser Geist reguliert unser Gehirn und sendet einen Informationsfluss, der aus unseren Beziehungen entsteht, an das Nervensystem. Wenn unsere Beziehungen aufeinander abgestimmt sind, ermöglichen sie dem Gehirn, gut zu funktionieren, worauf es dem Geist ein Gefühl der Verbundenheit und des Wohlbefindens signalisiert.[51]

MEINE REISE mit Mercedes fand spontan und im Privaten statt, aber ich hatte auch eine Therapiesitzung mit Pauline Skeates aus Neuseeland, die für meine Genesung entscheidend war. Während unserer Sitzung versetzte ich mich noch einmal in eine frühere Situation, diesmal als sehr junges Mädchen, das sich darauf vorbereitete, von zu Hause wegzugehen. Ich war zuhause und fühlte mich angespannt, als ich mich fertig machte und meine Koffer packte. Aber dann öffnete ich die Haustür, trat hinaus und begann einfach zu gehen. Ich drehte mich um und winkte noch ein paar Mal zum Abschied. Im Weitergehen sah ich, wie mein Zuhause immer kleiner wurde, bis ich an einer Ecke abbog und ich es gar nicht mehr sehen konnte. Dann bat mich Pauline, das Mädchen in meiner Erinnerung in die Hand zu nehmen und es zu drücken, damit es kleiner wurde und ich es in mein Herz legen konnte. Als das Mädchen symbolisch in mir war, begann ich, mich mit ihr zu unterhalten und auf ihre Bedürfnisse zu hören. Ich sagte ihr, dass ich mich um sie kümmern würde, dass sie sich keine Sorgen mehr um sich machen oder sich irgendwelche Bürden auferlegen müsste. Ich war der

Erwachsene, und ich würde dafür sorgen, dass ihre Bedürfnisse gestillt würden. Das versicherte ich ihr.

Dies war ein Wendepunkt. Ich spürte sofort eine Veränderung in mir, da die unnatürliche Verbindung zu meiner Mutter ein für alle Mal gekappt worden war. Von diesem Tag an hörte das Gefühl auf, dass sie immer in mir gegenwärtig war, und ich fühlte mich nicht mehr schuldig oder traurig wegen ihr. Auch das Gefühl der Entfremdung löste sich auf, und ich spürte, dass ich wieder mit mir selbst verbunden war. Als ich von der Sitzung zurückkam und mich im Spiegel betrachtete, konnte ich seit langem wieder ein Funkeln in meinen Augen erkennen. Pauline riet mir, mindestens drei Wochen lang mit dem Mädchen in mir zu sprechen, um die Veränderung nachhaltig zu machen und meine alten Denkgewohnheiten endgültig zu ändern, indem ich neue neuronale Bahnen aufbaue.

Neuronen sind Zellen, die sich im Gehirn gegenseitig Signale zusenden, also in einem Netzwerk arbeiten. Es gibt hundert Milliarden Neuronen im Gehirn, und jedes Neuron hat Tausende von Verbindungen mit anderen Neuronen, was bedeutet, dass es Billionen von neuronalen Verbindungen im Gehirn gibt. Je mehr wir über ein und dieselbe Sache nachdenken, desto stärker wird eine Verbindung dieser Neuronen im Gehirn. Und so konzentrierte ich mich weiter auf meine neue Perspektive, und es bildeten sich neue neuronale Verbindungen, die schließlich meine Wahrnehmung der Vergangenheit veränderten.

Achtsamkeit, Neuausrichtung und Vorstellungskraft sind mächtige Werkzeuge, mit denen wir die Kontrolle über unsere Aufmerksamkeit übernehmen und die neuronalen Bahnen unseres Gehirns neugestalten können – darum geht es beim

Neuausrichten unserer persönlichen Vergangenheit. Ich glaube, dass jeder seine Geschichte neu schreiben kann, indem er sich mit seinem kleinen Jungen oder seinem kleinen Mädchen im Inneren verbindet.

Bei diesem Umschreiben der eigenen Vergangenheit geht es nicht darum, irgendetwas zu verleugnen; es geht darum, sich in Erinnerung zu rufen, wie eine bestimmte Situation damals war, und dann rückwirkend eine bessere Reaktion darauf zu finden. Wenn Sie sich der Dinge bewusstwerden, die Ihnen in der Kindheit widerfahren sind – Dinge, die das gegenwärtige Leben negativ beeinflussen – können Sie vielleicht meine Erfahrung als Inspiration nutzen.

Vielleicht wird Ihr Gehirn Sie vor schmerzhaften Erinnerungen schützen und Sie glauben lassen, dass Ihre Kindheit im Vergleich zu anderen in Ordnung war. Aber denken Sie daran, dass es auf die Bedrohung oder Vernachlässigung ankommt, die Ihr Gehirn damals wahrgenommen hat.

Versuchen Sie, offen und neugierig zu sein, ohne etwas zu erzwingen, und bleiben Sie sensibel dafür, was der beste Weg zur Besserung für Sie ist. Wenn Ihnen keine Person einfällt, die Sie als imaginären fürsorglichen Elternteil verwenden können, können Sie anstelle dessen ein Foto einer Person mit einer Ausstrahlung verwenden, die eine positive Reaktion in Ihnen auslöst, und es in Ihrem Heilungsprozess integrieren.

Wenn Sie ein solches Foto nicht finden können, versuchen Sie, sich selbst als liebevollen und fürsorglichen Erwachsenen vorzustellen und sich zu überlegen, was Sie in einer bestimmten Situation zu Ihrem inneren Kind gesagt oder für es getan hätten.

MEINE WUNDE heilte zwar, aber mein Gesundheitszustand blieb so schlecht, dass ich drei Jahre lang nicht viel tun konnte. Ich zwang mich, jeden Tag kurze, gemächliche Spaziergänge zu machen oder ein wenig zu schwimmen. Ich war kaum in der Lage, soziale Kontakte zu knüpfen. Wenn ich mich mit jemandem traf, dann immer nur mit einer Person und nicht länger als eine Stunde.

Das Einzige, was ich tun konnte, ohne mich zu erschöpfen, war Musik zu hören, und zwar hauptsächlich die Lieder von Mercedes. Ich kaufte alle ihre CDs und erstellte auf meinem Computer Musiktitel mit meinen Lieblingsliedern, die ich als Teil meiner Meditationen verwendete. Ich hatte eine Liste für Frieden, Hoffnung und Trost, und eine für Freude, Kraft und Energie. An manchen Tagen war es ein bestimmtes Lied, das ich immer und immer wieder anhörte. Ich verbrachte viele Stunden damit, Mercedes' Liedern zuzuhören und stellte fest, dass die Musik zu meiner Medizin wurde. Während ich den Liedern lauschte, begann ich auch, die Porträts zu zeichnen, die Sie in diesem Buch finden.

Welche Musik für wen eine heilende Wirkung hat, ist von Mensch zu Mensch verschieden, aber wir können den Wert der Musik für unser Wohlbefinden nicht hoch genug einschätzen. Sie gibt uns die Möglichkeit, unsere Gefühle zu entdecken und sie auszudrücken. Da Musik eine lindernde Wirkung hat, wird sie heute oft in Krankenhäusern eingesetzt, um Patienten

Erleichterung zu verschaffen. Wissenschaftler versuchen immer noch herauszufinden, was in unseren Gehirnen vor sich geht, wenn wir entspannende Musik hören. Daniel Levitin, ein bekannter Psychologe, der an der McGill-Universität in Montreal die neurowissenschaftlichen Effekte von Musik erforscht, hat das Ausmaß der Angst gemessen am Cortisol-Ausstoß bei vierhundert Patienten vor einer Operation analysiert. Er fand heraus, dass die Patienten, die vor der Operation Musik hörten, weniger Angst hatten und einen niedrigeren Cortisolspiegel aufwiesen als Patienten, die nur Medikamente einnahmen.[52]

Ein anderer Forscher, Daniel Abrams, ein Postdoktorand an der Stanford University School of Medicine, stellte fest, dass Musik Aktivitäten in dem Teil unseres Gehirns auslöst, der den Wohlfühlstoff Dopamin freisetzt. Wenn Dopamin im limbischen System freigesetzt wird, wird es mit Vergnügen in Verbindung gebracht, aber wenn es in den Frontallappen freigesetzt wird, trägt es dazu bei, die Aufmerksamkeit, die Planungsfähigkeit, die Bewegungskoordination und das Gedächtnis zu verbessern.[53] Es ist daher nicht verwunderlich, dass Musik unsere Stimmung beeinflussen, Erinnerungen auslösen und angenehme Assoziationen bewirken kann, wenn sie mit Absicht eingesetzt wird, wie es bei mir der Fall war.

Zum Zeitpunkt meines Heilungsprozesses wusste ich natürlich noch nichts von all dem. Es geschah einfach so, als ich intuitiv dem Weg folgte, der vor mir lag. Als ich den Liedern von Mercedes zuhörte, entspannte sich mein Körper. Die Lieder beruhigten meine Seele, und ich spürte einen tiefen inneren Trost. Ihre Stimme gab mir das Gefühl, nicht nur Musik zu hören, sondern das Leben selbst in seiner Essenz. Mercedes wusste sehr wohl, dass ihre Stimme diese Wirkung auf die Menschen hatte. In einem Interview sagte sie einmal: „Ich weiß, was mit meiner Stimme passiert, wenn ich singe. Meine Stimme ist ein Trost für viele."[3]

Es waren eindeutig der Trost und die heilende Kraft, die von ihr ausgingen, die viele im Publikum zum Weinen brachten und sie als Mutterfigur empfinden ließen. Wie wir im ersten Teil erfahren haben, fühlte sich sogar Mercedes selbst geheilt, als sie sang.

ICH HATTE es letztendlich geschafft, die schmerzhaften Erinnerungen an meine Kindheit so gut es ging zu verarbeiten, aber ich litt immer noch unter einem meiner traumatischsten Erlebnisse, dreiundzwanzig Jahre nachdem es passiert war. Dieses Trauma war mir nicht von meiner Mutter zugefügt worden, sondern von der Person, die meine Integrität in Frage gestellt hatte, als ich damals Teamleiter in Indien war.

Was mir vorgeworfen wurde, stand in direktem Zusammenhang mit meiner existenziellen Wunde – meinem Bedürfnis nach mütterlicher Liebe. Damals war mir nicht bewusst, dass ich diese existenzielle Wunde hatte, aber heute verstehe ich den Zusammenhang. Ich brauchte Heilung von dieser Erfahrung, und wieder sprach ich mit Mercedes darüber:

Mercedes, ich habe dir noch etwas zu sagen. 1988 ist etwas passiert, das mich tief verletzt hat. Damals habe ich mein unschuldiges Vertrauen in die Menschen verloren, einen Teil meiner geistigen und körperlichen Gesundheit und meine Fähigkeit, ausreichend zu schlafen. Ich lade dich ein, mit mir auf das Hausboot auf dem Srinagar-See in Kaschmir zu kommen, wo das alles geschah. Was würdest du in dieser Situation tun und zu mir sagen?

Ich sehe dich dabeistehen. Während ich diese Worte ausspreche, siehst du mich mit so viel Mitgefühl und Verständnis in deinen Augen an. Aber ich sehe auch den Schmerz in deinen Augen, weil du weißt, dass tief in mir etwas zerstört wird. Ohne etwas zu sagen, stehst du auf und kommst auf mich zu. Vor allen anderen verbeugst du dich und küsst mich auf die Stirn und auf meine beiden Wangen. Dann flüsterst du mir ruhig ins Ohr: „Es ist nicht wahr. Glaube es nicht. Ich weiß, dass du die Mutterliebe brauchst, die du nie erhalten hast, und ich bin hier bei dir, um sie dir zu geben."

Dann nimmst du mich in deine Arme. Du versprichst mir, die Nacht bei mir zu bleiben, solange ich will. Du sitzt an meinem Bett und singst mir tröstende und heilende Lieder vor. Du sagst mir, dass es in Ordnung ist, eine Mutter zu brauchen, auch jetzt.

„Du kannst immer zu mir kommen, egal wie alt du bist. Du bist die Freude meines Herzens. Trinke von meiner Liebe. Wickle sie um dich wie einen Mantel, der dich vor den Enttäuschungen des Lebens schützt", höre ich dich sagen.

Heute weiß ich, dass du bei mir warst, auch wenn ich dich nicht gesehen habe. Ich möchte, dass du kommst, um jetzt für mich da zu sein, um mein Herz und meinen Geist zu heilen. Du hast mich davon überzeugt, dass mit mir alles in Ordnung war; ich habe nichts falsch gemacht. Ich musste nur so geliebt werden, wie ich als kleines Mädchen von meiner Mutter hätte geliebt werden sollen. Dies zu verstehen, befreit mich.

Während meines Weges zur Heilung hörte ich oft das schöne Lied „This Is To Mother You" (Eine Mutter für Dich Sein) von Sinead O'Connor. Der Text drückt die Erfahrung aus, die ich mit Mercedes Sosa gemacht habe:

*Und ich werde mit dir sein
und dich halten und dich küssen.
Und wenn du mich brauchst, werde ich tun
was deine eigene Mutter nicht getan hat,
nämlich eine Mutter für dich zu sein.*

Durch die mitfühlenden Augen von Mercedes Sosa wurde ich auf eine besondere Weise bemuttert, bespiegelt, gefördert und letztlich bestätigt. Es half, meine existenziellen Wunden zu heilen.

Diese Heilung vollzog sich über vier bis fünf Jahre, und in meinem letzten Schreiben an sie ist der Wandel in mir spürbar. Eine tiefe und dauerhafte Veränderung hatte auf unerwartete und ungewöhnliche Weise stattgefunden.

Liebe Mercedes,

Es war eine lange, anstrengende und herausfordernde Reise für mich. Ich fühle mich immer noch sehr erschöpft, aber du hilfst mir, das Leben so zu akzeptieren, wie es ist, und ich fühle mich nicht mehr als Opfer. Ich bin jetzt genauso ein Überlebenskünstler wie du. Du bist auf eine einzigartige Weise zu mir gekommen. Ich bin dir nie persönlich begegnet, aber ich erkenne dich ständig in vielen Situationen. Mein Herz hat dein Herz erreicht. Ich kenne dich und kann dich fühlen. Du hast mich von Anfang an stark berührt. Du hast die innersten Töne in mir gespielt und mich aufgeweckt. Du hast mich gelehrt, mutig zu leben, und schließlich konnte die Intensität deiner Zärtlichkeit und deines Mitgefühls mich heilen. Du gabst mir die Kraft zu kämpfen, zu fühlen, zu leben und zu lieben, und jetzt akzeptiere ich meine Vergangenheit und alles, was ich im Leben durchgemacht habe. Ich stehe dazu, wer ich bin, und stehe zu den Entscheidungen, die ich getroffen habe. Ich schäme mich nicht mehr und werfe mich in deine Arme, weil ich weiß, dass ich so geliebt werde, wie ich bin, und weil ich darauf vertraue, dass du mich so annimmst, wie ich bin.

Fazit

MERCEDES SOSAS Leben zeigt auf, wie wichtig es ist, auf unsere innere Weisheit zu vertrauen. Wenn wir auf unsere innere Stimme hören, kann sie uns zu einer gelasseneren Art des Seins führen und uns befähigen, inmitten all der Stürme des Lebens aufrecht stehen zu bleiben und voran zu blicken. Lange bevor Achtsamkeit und das Mitgefühl für einen selbst in der westlichen Welt anerkannt wurden, lebte Mercedes intuitiv nach diesen Idealen. Ihre herausragende Fähigkeit, Dingen mit scharfem Verstand und leidenschaftlicher Präzision zu begegnen, zeigt, dass sie in der Gegenwart lebte. Außerdem konnte sie ihr wahres Selbst entfalten, ohne auf die Bestätigung anderer angewiesen zu sein, weil sie gelernt hatte, sich selbst gegenüber freundlich und mitfühlend zu sein.

Wenn wir nicht so gesehen und akzeptiert werden, wie wir sind, und wenn wir nicht gelernt haben, uns selbst gegenüber mitfühlend zu sein, werden wir uns höchstwahrscheinlich von den Vorlieben und Abneigungen anderer abhängig machen. Dabei laufen wir Gefahr, unsere Authentizität zu opfern, indem wir uns nicht mehr voll ausleben können. Wer wir sind, ist viel wichtiger als was wir darstellen oder welche Talente wir haben. Talent drückt sich im Tun aus, während die DNA im Sein zum Ausdruck kommt. Mercedes war sich dessen bewusst. „Es gibt Dinge, die wichtiger sind als die Stimmbänder. Es geht darum, was man fühlt, wenn man einen Ton abgibt, Gefühle der Liebe, der Solidarität mit anderen. Es geht nicht um Technik. Es geht um das, was im Inneren ist", erklärte sie 1995 in einem Interview mit dem Musikkritiker Don Heckman für die *Los Angeles Times*.

Sosa verfügte offensichtlich über ein bemerkenswertes, exquisites und überragendes Talent, das ihr die Türen öffnete, um weltweit Einfluss auf Politik und Kultur zu nehmen, aber sie besaß auch die Fähigkeit, mit den Menschen in einer Weise in Kontakt zu treten, wie es kaum eine andere Persönlichkeit des öffentlichen Lebens zu ihrer Zeit vermochte. Ganz gleich, ob sie mit Präsidenten, armen Einwanderern, Kindern oder Bauern zu tun hatte, sie war immer respektvoll, aufmerksam und präsent. Das eigentliche Geheimnis ihrer Wirkung lag in der Tat in ihrer Authentizität – in der Art und Weise, wie sie ihre angeborenen Qualitäten zum Ausdruck brachte.

Wahrscheinlich war es ihre Erziehung in einer liebevollen und emotional unterstützenden Familie, gepaart mit ihrer Bereitschaft, den Widerständen und dem Leid, mit denen sie konfrontiert war, aufrecht zu begegnen, was letztlich ihre Authentizität förderte. Aber auch diejenigen unter uns, die keine behütete und liebevolle Kindheit hatten, können ein authentisches Leben führen, indem sie sich mit ihrer Vergangenheit auseinandersetzen und ihr verwundetes Selbst wahrnehmen. Wir alle haben etwas Einzigartiges in uns, das wir zum Ausdruck bringen können, denn auch wenn wir keine außergewöhnlichen Talente haben, sind wir in der Lage, dennoch etwas Positives für andere zu bewirken. Wenn wir jemandem die Hand reichen, besteht die Chance, dass die Liebe, die dabei strömt, auch uns Heilung bringt.

Mercedes hat höchstwahrscheinlich nie etwas von interpersoneller Neurobiologie gehört, aber sie muss intuitiv die heilende Kraft von Liebe und Beziehung gespürt haben. Es war die Liebe, die sie motivierte, sich für diejenigen einzusetzen, die am Rande der Gesellschaft stehen. Sie sang für die Menschen, weil sie sie liebte, und rief ihrem Publikum oft zu: „Niemand kann und sollte ohne Liebe leben".[53] Menschen mit Liebe zu verbinden, war ihre Mission, und sie fand Kraft in der Liebe, die ihr die anderen zurückgaben.

Nur ein authentischer Mensch, der seine Angst vor Ablehnung überwunden hat, kann andere wirklich lieben, und nur ein Mensch, der sich mit seiner Unvollkommenheit und Menschlichkeit abgefunden hat, ist in der Lage, Liebe zu empfangen. Wir erfahren nur in dem Maße volle Liebe, wenn wir als authentisch angesehen werden. Aber es erfordert viel Mut, aus unserem Versteck herauszutreten und zu sagen: „Hier bin ich", denn das macht uns verletzlich. Verwundbarkeit ist der Preis, den wir zahlen müssen, um geliebt zu werden und authentisch zu sein. Wenn wir uns davor schützen, verletzt zu werden, schneiden wir uns auch von der Essenz der menschlichen Erfahrung ab, von Liebe, Intimität und Beziehung. Ohne Verletzlichkeit können wir keine echte Beziehung zueinander aufbauen und werden nie erfahren, wie es ist, wenn wir so angenommen werden, wie wir wirklich sind.

Niemand kann uns die innere Reise zur Ganzheit abnehmen, aber wir alle kommen besser zurecht, wenn wir ein wenig Hilfe von jemandem bekommen, der uns auf dieser Reise unterstützt und uns als das liebt, was wir sind. Wenn wir uns in Richtung Authentizität bewegen, unsere Fähigkeit zur Empathie entfalten und uns auf den neuronalen Walzer einlassen, den wir gemeinsam tanzen können, werden wir zu einem Spiegel, der jemandem das Gute und die Schönheit reflektiert, die wir in der Person sehen – genauso, wie Mercedes es tat. Wie wir gesehen haben, verstand sie es, sich auf das Unerwartete und Ungewöhnliche einzulassen, ob es sich nun um einen Süchtigen, einen Menschen mit Down-Syndrom, lärmende Teenager oder einen HIV-Infizierten handelte. Ihre Fähigkeit, die Schönheit in den Menschen zu sehen und alle gleichermaßen willkommen zu heißen, ließ sie geheimnisvoll erscheinen, wahrscheinlich, weil die Wirkung einer solchen liebevollen Zuwendung für jemanden, der sie noch nie erfahren hat, wirklich kraftvoll ist.

Eine Freundin erzählte mir einmal eine nette kleine Geschichte über ihre zweijährige Tochter. Eines Morgens weckte diese Tochter ihre Eltern frühmorgens auf, indem sie mit ausgebreiteten Armen ins Schlafzimmer kam und selbstbewusst verkündete: „Hier bin ich!" Was für eine wunderbare Art und Weise, diese Welt zu bejahen – selbstbewusst und in der Erwartung, so angenommen zu werden, wie man ist. Wir alle brauchen einen Ort, von dem wir wissen, dass wir willkommen sind. Das ist es, was Mercedes für so viele getan hat, als sie noch lebte, und es ist das, was sie nach ihrem Tod für mich getan hat. Es war ihre Stimme, die ihr den Weg ebnete, aber es war auch ihre Fähigkeit, Menschen mit Liebe anzusprechen, indem sie sagte: „Ich sehe dich. Du bist wunderbar", was sie so einflussreich machte.

Mercedes Sosa verdient es, als eine Weltlegende in die Geschichte einzugehen. Da sie eine Frau ist, geht Sosas Einfluss weit über die Politik hinaus. Ihr mütterliches Herz erreicht uns alle mit seinem Mitgefühl und erfüllt uns mit heilenden Kräften und mit Bestätigung. Ihre Stimme erreicht immer noch die menschliche Seele. Sie blickt hinter alle Fassaden und findet den Ort, an dem wir alle nur Menschen sind. Sie ist nicht nur die Stimme Lateinamerikas, sie ist die Stimme des schönsten und tiefsten Gefühls der Welt – der LIEBE! Sie ist die Stimme der Demütigen, der Leidenden und der Vergessenen. Mercedes ist immer in unseren Herzen und gibt uns die Kraft, den Traum von einer gerechteren Welt voller Hoffnung weiterzuleben.

Epilog

ARGENTINIEN KÄMPFT noch immer mit den Gespenstern der Vergangenheit. Am 1. August 2017 verschwand Santiago Maldonado, ein achtundzwanzigjähriger Kunststudent und Tätowierer, bei einer Demonstration für Indigene in Patagonien, wo das Volk der Mapuche sein angestammtes Recht auf ein Stück Land im Besitz des italienischen Bekleidungsunternehmens Benetton einforderte. Als die Sicherheitskräfte auftauchten und mit Blei- und Gummigeschossen auf die Demonstranten feuerten, sprangen einige von ihnen in den Chubut-Fluss, um zu entkommen. Santiago, der nicht schwimmen konnte, klammerte sich an einen Baum und wurde von der Polizei festgenommen, wie ein Zeuge berichtete. Doch der Minister für nationale Sicherheit bestritt die Aussage, und die Polizei leugnete, Santiago festgenommen zu haben.

Santiagos Verschwinden führte in der Folge zu massiven Protesten im ganzen Land. Die Argentinier ließen ihren Unmut in den sozialen Medien freien Lauf, und in Abstimmung mit dem wöchentlichen Marsch der Großmütter von der Plaza de Mayo wurden Demonstrationen für ihn abgehalten. Dabei wurde an die während der Diktatur verschwundenen Kinder erinnert und erneut Wahrheit und Gerechtigkeit gefordert. „Wir sind vierzig Jahre in der Zeit zurückgereist. Ich kann das nicht akzeptieren", sagte Rosa Tarlovsky de Roisinblit, damals 98 Jahre alt und Vizepräsidentin der Großmütter der Plaza de Mayo. Cristina

Fernández de Kirchner, die 2019 eine Rück-kehr ins Präsidentenamt anstrebte, hat die Reaktion der Regierung auf Maldonados Verschwinden scharf kritisiert und gesagt, sie habe den Glauben an die Rechtsstaatlichkeit in Argentinien endgültig verloren.

Santiago Maldonado ist zu einem Symbol für verschiedene Konflikte geworden, von den Rechten der Indigenen bis hin zu wieder aufflammender staatlicher Unterdrückung, und hat bittere Erinnerungen an die argentinische Militärdiktatur von 1976 bis 1983 wachgerufen. Sein Verschwinden setzte die Mitte-Rechts-Regierung von Präsident Mauricio Macri, der von 2015 bis 2019 im Amt war, unter Druck, die versucht hatte, die Verbrechen der argentinischen Diktatur herunterzuspielen. Auf die Frage eines Journalisten einer argentinischen Zeitung, ob er die Zahl der während der Diktatur Verschwundenen auf dreißigtausend schätze, antwortete Macri: „Ich habe keine Ahnung. Ob es nun neun- oder dreißigtausend waren, ich denke, das ist eine Diskussion, die keinen Sinn macht."

Santiagos Leiche wurde nach achtundsiebzig Tagen im Chubut-Fluss gefunden. Niemand wurde je für das Verschwinden verantwortlich gemacht, und der einzige angeklagte Polizeibeamte wurde freigesprochen und später befördert. In einem im Dezember 2017 veröffentlichten Bericht der späteren Koordinationsstelle gegen polizeiliche und institutionelle Repression wurde festgestellt, dass Argentinien den gewalttätigsten Höhepunkt staatlicher Unterdrückung seit 1983 erlebt hatte. Wäre Mercedes Sosa noch am Leben, würde sie, so glaube ich, für Argentinien weinen, sich für die Ungerechtigkeit einsetzen, Hoffnung in die Herzen der verzweifelten Menschen singen und alle mit einer wärmenden Umarmung vereinen und trösten.

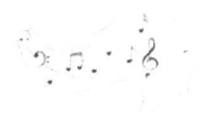

NACH EINER Zeit des Zerwürfnisses nahmen meine Mutter und ich unsere Beziehung wieder auf. Als ich sie auf meine schwierige Kindheit ansprach, leugnete sie zunächst die damaligen Probleme und bemitleidete sich selbst, aber als ich ihr darlegte, wie sehr ich darunter gesundheitlich gelitten hatte, wurde sie reumütig und bat mich um Vergebung. Sie begann auch, mir für die Dinge zu danken, die ich im Laufe der Jahre für sie getan hatte. Da ich mittlerweile über alles hinweg war, konnte ich ihr sagen, dass ich verstand, wie schwierig das Leben mit drei Kindern für sie gewesen sein muss, vor allem, da sie an Schlaflosigkeit litt. Ich sagte ihr, es war mir bewusst, dass sie ihr Bestes getan und mir auch viel Gutes im Leben vermittelt hatte. Ich war nun in der Lage, in allem, was ich durchgemacht hatte, etwas Positives zu sehen, und erklärte ihr, dass es ein Teil des Weges war, den ich gehen musste, um der Mensch zu werden, der ich heute bin.

Kurz vor der Veröffentlichung dieses Buches wurde meine Mutter plötzlich schwer krank und konnte sich nicht mehr um sich selbst kümmern. Ich ging nach Dänemark und betreute sie drei Monate lang, bevor ich sie in einem Pflegeheim unterbrachte. Der Gedanke, wieder in die alte Rolle zu schlüpfen und die Verantwortung für sie zu übernehmen, bereitete mir zunächst Unbehagen, aber angesichts ihres Zustands war es für mich selbstverständlich, mich um sie zu kümmern. Diese unerwartete Gelegenheit, ihr meine Liebe und mein Mitgefühl zu zeigen, wurde zu einer wunderbaren heilenden Erfahrung. Inmitten ihrer Schwäche war sie aufmerksam, dankbar und liebevoll. Ich spürte, dass sie ihre Zuneigung zu mir nachholen musste, und ließ sie gewähren. Sie weinte und sagte: „Ich war als Kind nicht gut zu dir, aber ich war krank."

Trotz ihrer Beschwerden überstand sie noch drei Jahre im Pflegeheim. Als ich an Heiligabend 2019 mit ihr telefonierte, sagte sie, sie hoffe, noch ein Jahr zu leben. Das nächste Mal rief ich sie am 1. Januar 2020 an. Sie klang sehr verwirrt, und wir konnten kein richtiges Gespräch führen, also telefonierte ich mit ihrer Pflegerin, die mir erzählte, dass meine Mutter mit einer schweren Lungenentzündung ins Krankenhaus gebracht worden war. Ich hatte das starke Gefühl, dass sie es dieses Mal nicht schaffen würde, und buchte ein Flugticket für den 4. Januar nach Hause. Als ich meinen Koffer packte, überlegte ich, was ich anziehen sollte, falls ich zu ihrer Beerdigung gehen müsste. Ich kam spätnachts in Dänemark an und fuhr direkt vom Flughafen zum Krankenhaus. Meine Mutter lag auf der Intensivstation, war aber bei Bewusstsein. Obwohl sie nicht sprechen konnte, verriet mir der Blick in ihren Augen, dass sie mich erkannte. Es war ein Blick, der sowohl Überraschung als auch Anerkennung zeigte. Ohne Worte sagte sie: „Anette, du bist gekommen."

Ich verbrachte die Nacht neben ihr und mir wurde bewusst, wie krank sie war. Deshalb war ich überrascht, als sie ein paar Tage später aufgesessen ist und ein Joghurt gegessen hat. Sie schien bei klarem Verstand zu sein, und ich spürte, dass es der richtige Moment war, ihr zu sagen, dass wir sie alle liebten und dass alles in Ordnung war und dass wir ihr alle dankbar waren. Ich nannte jeden in der Familie beim Namen. Sie konnte nicht antworten, aber ich glaube, sie hat es verstanden. An diesem Tag, als ich mich verabschiedete, hob sie ihre Hand, um mir einen Fingerkuss zu geben. Sie bestand darauf und wollte, dass sich unsere Finger berühren.

Danach erstrahlte sie in einem breiten Lächeln und sagte mit klarer Stimme: „Danke, dass du heute hier warst." Ich brach in Tränen aus, direkt vor ihren Augen. Als ich den Raum verließ, rief sie erneut nach mir, und als ich mich umdrehte, hatte sie ein noch größeres Lächeln im Gesicht, und wiederholte: „Danke für heute." Ich wusste instinktiv, dass dies der letzte Abschied sein würde. Ich wollte, dass es so ist. Ich wusste, dass sie mit „heute" meinte: „Danke für alles, was wir im Leben geteilt haben." Es war tatsächlich unser letztes Lebewohl. Sie starb am frühen Morgen friedlich im Schlaf. Ich eilte ins Krankenhaus, bevor meine Geschwister eintrafen, weil ich noch Zeit mit ihr allein verbringen wollte. Ihr Körper war noch warm, und ich küsste sie, hielt ihre Hand, sprach mit ihr und schüttete ihr meine Liebe und Dankbarkeit aus in der Vorstellung, dass sie immer noch im Zimmer präsent war. Ich bin so dankbar, dass ich diese schönen letzten Erinnerungen und Erfahrungen mit ihr machen durfte.

Die letzten Jahre mit meiner Mutter haben bewiesen, dass mein Heilungsprozess, den ich mit Ihnen geteilt habe, wirklich stattgefunden hat. Es gab überhaupt keinen Schmerz mehr, und ich bewunderte und respektierte meine Mutter, weil sie es geschafft hat, sich im Alter so zum Positiven zu verändern, und ich war stolz auf sie.

Ich hegte auch keinen Groll mehr gegen die Frau, die damals in meinem Team in Indien dabei war. Ich habe sie danach mehrfach getroffen, und sie hat zugegeben, dass sie „ein bisschen zu hart zu mir war." Ich habe mehr als fünfundzwanzig Jahre gebraucht, um ihre Worte abzuschütteln, aber heute kann ich darüber sprechen, ohne mich zu schämen. Die Unterstellung hätte heute nicht mehr die gleiche Kraft, mich zu verletzen, da ich die sexuelle Orientierung nicht mehr als großes Thema ansehe. Ich lasse es nicht zu, dass Klasse, Alter, Rasse, Religion, Sexualität oder gar eine medizinische Diagnose definieren, wer ich bin, und ich versuche auch nicht, andere mit diesen einschränkenden Definitionen in eine Schublade zu stecken. Das Gute an meiner schmerzhaften Erfahrung ist, dass sie mir die Möglichkeit gab, mir meiner existenziellen Wunde bewusst zu werden, damit sie heilen kann. Ich bin innerlich nicht mehr verletzt und werde auch nicht mehr von dem Bedürfnis getrieben, etwas Besonderes sein zu müssen. Mein Heilungsprozess ist vorerst abgeschlossen, und sollte die Wunde in Zukunft durch irgendetwas verschlimmert werden, weiß ich, was es ist und wie ich darauf reagieren kann. Im Laufe des Prozesses ist es mir gelungen, mich von der dualistischen Denkweise zu befreien, und heute bin ich nicht mehr so hart zu mir selbst. Ich schätze meinen Körper, höre auf ihn und behandle ihn besser als früher. Je mitfühlender ich mit mir selbst geworden bin, desto leichter fällt es mir, andere zu umarmen.

Mein Gesundheitszustand ist immer noch nicht so gut, wie ich es mir wünschen würde, aber er hat sich verbessert. Ich lerne, ein ruhigeres Leben zu führen, ohne mich Stress oder Druck auszusetzen. Ich versuche, mich auf das zu konzentrieren, was ich tun kann, und nicht auf das, was ich nicht tun kann. Ich habe gelernt, nach der Gabe zu suchen, die sich in meinem Inneren verbirgt. Ich habe das Gefühl, dass ich etwas von meinem Leben zurückbekommen habe, wenn auch in einer anderen Form.

Das Schwierige am Leben mit einer Krankheit, die mit chronischer Müdigkeit einhergeht, ist, dass andere das nicht bemerken, wenn sie mich nicht gut kennen. Ich neige dazu, zu untertreiben, wie müde ich tatsächlich bin, und ich mag es nicht, so müde auszusehen, wie ich mich manchmal fühle. Das hat mich gelehrt, dass es wichtig ist, anderen zu erklären, welches Arbeitspensum ich bewältigen kann und warum ich Dinge so tue, wie ich sie nun einmal tue, um Missverständnisse zu vermeiden. Manchmal müssen mir nahestehende Menschen mich dabei unterstützen, besser auf mich aufzupassen und meine Arbeitswut in die Schranken zu weisen. Ich habe noch niemanden getroffen, der sich von chronischer Müdigkeit je erholt hat, was eine Zeit lang ziemlich ernüchternd war. Aber wenn ich auf meinen Heilungsprozess zurückblicke, kann ich Fortschritte erkennen. Die Genesung vollzieht sich mit der Zeit. Ich kann meinen Puls immer noch nicht über längere Zeit erhöhen, und die beste Art, mich fit zu halten, ist Schwimmen, vor allem Schnorcheln, was eine tiefe Atmung erfordert, wie bei der Meditation.

Ich erwartete einen Rückschlag nach der harten Arbeit, die mit dem Umzug meiner Mutter in das Pflegeheim verbunden war, aber das Gegenteil war der Fall. Mein Gesundheitszustand verbesserte sich plötzlich. Zum ersten Mal seit fünfundzwanzig

Jahren konnte ich ohne Schlaftabletten schlafen. Ich fühlte mich energiegeladener und fing sogar an, ein wenig Mountainbike zu fahren. Auch meine soziale Kompetenz verbesserte sich.

Ich versuche immer noch zu verstehen, was passiert ist, und glaube, dass es einen Zusammenhang mit der endgültigen Heilung gibt, die in meiner Beziehung zu meiner Mutter stattgefunden hat. Meine Geschichte zeigt, dass es wichtig ist, die Hoffnung nicht zu verlieren, egal wie tief man gesunken ist, denn mit der Zeit ist ein gewisses Maß an Heilung in dieser Situation möglich.

Eines der erstaunlichsten Dinge, die ich entdeckt habe, ist, dass Heilung in gesunden Beziehungen beschleunigt wird, vor allem in solchen, in denen ein ständiger Fluss von liebevoller Freundlichkeit und Großzügigkeit herrscht. Wenn ich mich auf das Gute konzentriere, das ich in den Menschen um mich herum sehe, und in der Lage bin, jemandem, der mir wichtig ist, die Hand zu reichen, sei es in emotionaler oder finanzieller Hinsicht, hat das mein Wohlbefinden gesteigert – mein Gefühl von Glück und Sinn im Leben. Aus Liebe bin ich motiviert worden, Dinge zu tun, von denen ich dachte, ich sei zu müde, um sie jemals wieder zu tun. Das Schreiben dieses Buches ist das Ergebnis eines solchen Prozesses. Meine Zuneigung zu Mercedes Sosa hat mich mit der Hoffnung erfüllt, dass entweder Mercedes' Geschichte oder meine Reise andere inspirieren und ihnen Hoffnung geben würde. Ich hätte nie gedacht, dass ich dazu fähig wäre, und es hat fast neun Jahre gedauert, es zu vollenden, aber es war eine freudvolle Reise – die meiste Zeit über.

Ich bin immer noch begeistert von Mercedes Sosa und ihrer Musik und hoffe, Argentinien und andere Länder Lateinamerikas eines Tages besuchen zu können. Ich höre gerne lateinamerikanische Musik und habe Künstler wie Soledad Pastorutti, León Gieco, Patricia Sosa, Lila Downs, Jorge Drexler und Pablo Milanés zur Liste meiner bevorzugten lateinamerikanischen Sänger hinzugefügt.

Mein Mann und ich sind seit neunzehn Jahren zusammen, und wir sind jetzt beide im Vorruhestand und tilgen die Restschulden für unser mittlerweile verkauftes Haus und die Jahre ohne Einkommen. Die einzige Möglichkeit, die uns als Frührentner blieb, war, unsere Ausgaben zu senken und in ein Land mit niedrigeren Lebenshaltungskosten zu ziehen. Nach einigen Recherchen schien die Türkei das beste Land dafür zu sein. Wir zogen 2012 in einen Ferienort an der Ägäisküste und leben immer noch dort, während ich das schreibe. Als unsere Träume vom Erfolg und vom guten Leben am Ende zerplatzt waren, kam der Traum erstaunlicherweise zu uns in dem Moment, als wir das Handtuch warfen. Es war eine großartige Lektion über den Mut, loszulassen und dem Leben zu vertrauen.

Ein Jahr, nachdem wir in die Türkei gezogen waren, geschah etwas Erstaunliches, das auch als Fortsetzung meiner Reise mit Mercedes Sosa gesehen werden kann.

Eines Tages im August 2013 war ich auf dem Rückweg vom Strand, als ich an einem kleinen Laden vorbeikam, an dem ich jeden Tag vorbeiging. Dort entdeckte ich ein wunderschönes türkisfarbenes Batikkleid, das draußen vor dem Laden hing. Da Türkis zu dieser Zeit meine Lieblingsfarbe war, beschloss ich, einzutreten und es anzuprobieren. Bis zu diesem Zeitpunkt hatten wir noch nicht viele Kontakte zu den Einheimischen, da auch die Sprache eine Barriere bildete. Als die Dame im Laden mich ansprach und ich feststellte, dass sie recht gut Englisch sprach, war ich überrascht und freute mich.

Ich war auch ein wenig verblüfft, denn sie sah fast genauso aus wie Mercedes Sosa in jungen Jahren. Sie war eine kleine exotisch aussehende Frau mit langen schwarzen Haaren und gefühlvollen dunklen Augen. Außerdem erkannte ich sofort, dass ihr Gestus und ihr Wesen dem von Mercedes Sosa ähnelte, als wir ins Gespräch kamen.

Natürlich konnte ich nicht umhin, ihr dieselbe Frage zu stellen, die ich in den letzten vier Jahren vielen Leuten gestellt hatte, obwohl ich nie eine bejahende Antwort erhielt. Ich fragte: „Kennen Sie Mercedes Sosa?"

Ihre Antwort ließ mein Herz höherschlagen. „Natürlich kenne ich sie. Ich liebe sie!"

Als ich ihr erzählte, dass ich ein Buch über Mercedes Sosa schreibe, war sie begeistert und sagte, sie wolle es lesen und sogar in ihrem Laden verkaufen. Sie erzählte mir auch, dass sie die meiste Zeit ihres Lebens in der Buchbranche in der Türkei gearbeitet hatte und das Buch gerne ins Türkische übersetzen wolle. Ich war zu diesem Zeitpunkt mit dem Schreiben noch nicht fertig, aber die Begegnung mit ihr hat mich darin bestärkt, das Buch fertigzustellen und zu veröffentlichen.

Dieses Treffen war der Beginn einer neuen und wunderbaren Freundschaft zwischen uns. Die Verbindung mit ihr in einer echten Freundschaft beschleunigte meine Genesung noch mehr. Sie wurde mein „türkisches Wunder", meine „Mini-Sosa" und meine zweite Herzallerliebste. Wann immer ich sie traf, wurde mir bewusst, dass mich das Leben nicht im Stich gelassen hat.

Serhan, mein „türkisches Wunder" und Mercedes-Sosa-Doppelgängerin

Interview

Luis Plaza Ibarra, ein enger Freund

Welche Bedeutung hat Mercedes Sosa für Dich?
Mercedes Sosa war ein Teil meines täglichen Lebens und ist auch Teil meiner Geschichte. Als ich in Chile unter der Diktatur aufwuchs, in der Musik von „Protestkünstlern" komplett verboten war, wurde Mercedes Sosa zu einer wichtigen Person, die darauf aufmerksam machte, wie Menschen unter einem Unterdrückungsregime verschwinden und getötet wurden. Durch ihre Lieder und Texte gab sie mir ein Gefühl der Hoffnung inmitten der schrecklichen Ereignisse, die geschahen. Da ich selbst Musiker bin, war es eine Freude, ihr zuzuhören.

Wie hat sie Dein Leben beeinflusst?
Mercedes hat mich dazu inspiriert, immer mein Bestes zu geben und in jeder Hinsicht verantwortungsbewusst zu sein, sowohl in kultureller als auch in musikalischer Hinsicht. Sie hat mich gelehrt, dass niemand Größe erlangt, ohne zu lernen und sich weiter zu verbessern.

Was sind die wichtigsten Dinge, die Du von ihr gelernt hast?
Mercedes vermittelte immer den Eindruck von Wärme und menschlichen Mitgefühls. Sie hat sich nicht wie eine Diva verhalten. Wenn man innere Größe hat, muss man sich nicht

aufspielen oder jemandem etwas beweisen. Wahre Größe bedeutet, dass man allen Menschen Respekt entgegenbringt. Mercedes war der Inbegriff dieser Größe. Sie lehrte mich auch, auf ein vereintes Lateinamerika hinzuarbeiten, in dem alle Brüder und Schwestern ebenbürtig sind.

Welche Begebenheit aus den Jahren, die Du mit ihr verbracht hast, hat Dich am meisten geprägt?
Es war, als Mercedes während der letzten Deutschlandtournee 2008 all die Geschichten mit uns teilte, die hinter ihren Musikalben steckten, als wir zwei Wochen lang gemeinsam in einem Kleinbus unterwegs waren. Alles aus direkter Quelle zu erfahren, war wirklich erstaunlich!

Kannst Du eine lustige Episode aus eurer gemeinsamen Zeit nennen?
Das gab es viele, aber im Moment fällt mir nur eine Begebenheit ein. Es war nach einem Konzert und wir waren gerade in den Kleinbus gestiegen, als das Radio eines ihrer international bekanntesten Lieder spielte. Da brach es aus Mercedes heraus: „Macht die Musik aus, um Himmels willen. Ich singe das schon seit fünfzig Jahren und will es nicht mehr hören." Als das Publikum sie das nächste Mal aufforderte, genau dieses Lied zu singen, tat sie es sehr professionell, aber ich wusste, wie sie sich dabei fühlte.

Was waren die beruflichen und privaten Höhepunkte in den letzten acht Jahren ihres Lebens?

Beruflich waren die Höhepunkte die Reisen nach Italien, Spanien und Deutschland, also in die Länder, in denen sie sich während ihrer Zeit im Exil zu Hause fühlte. Auch Israel war ein Glanzpunkt. Alle ihre Konzerte waren ausverkauft und Mercedes sagte immer: „Sie haben mich nicht vergessen. Sie lieben mich immer noch." Die Liebe ihres Publikums zu spüren, gab ihr die Stärke im Leben. Die Arbeit an ihrer Abschieds-CD *Cantora* war auch wichtig. Sie hat nicht lange genug gelebt, um zu erfahren, dass sie dafür einen Grammy gewonnen hat, aber sie freute sich darüber, dass sie nominiert worden war. Während unserer Tournee durch Deutschland verbrachte sie viel Zeit mit der Überarbeitung ihres Repertoires. Sie hatte immer noch hohe Erwartungen an sich selbst und sagte: „Ich muss es gut machen. Diese Aufnahmen wird es für immer geben." Auf persönlicher Ebene waren die Höhepunkte das Zusammensein mit ihren besten Freunden. Selbst wenn sie zum Schluss schwach war, fand sie immer Energie und Zeit, um unter ihnen zu sein und genoss ihre Gesellschaft.

Wie ist sie mit ihrer Krankheit umgegangen, als sie auf Tournee war?
Sie verarbeitete es, indem sie es mehr oder weniger unterdrückte. Sie versuchte, sich mit ihrem Liederkatalog zu beschäftigen und gab sich ganz ihrer Arbeit hin. Sie sprach nicht über ihre Krankheit und ließ sich auch nicht von ihr einschränken. Freilich war sie müde und hatte wenig Appetit, und manchmal wirkte sich das auf ihre Psyche aus. Wenn sich depressive Gedanken ihrer bemächtigten, fand sie Energie zurück, indem

sie sich auf die Suche nach neuer Musik machte. Sie äußerte sich äußert selten über ihren Zustand.

Wie hat sie reagiert, als sie merkte, dass sie sterben würde?
Das ist schwierig zu beantworten, da ich zu der Zeit nur am Telefon mit ihr gesprochen habe. Aber sie hat viel darüber gesprochen, wie viel meine Freunde und ich ihr bedeuteten.

Nachtrag

MERCEDES SOSA: *Die Stimme der Hoffnung* ist das erste Buch, das je auf Englisch (unter dem Titel *The Voice of Hope*) über Mercedes Sosa geschrieben wurde und nun auch in deutscher Übersetzung vorliegt. Anfangs schrieb ich in meiner Muttersprache Dänisch, aber als ich in der englischsprachigen Gemeinschaft auf Menschen stieß, die Mercedes Sosa schätzten, aber kaum etwas über sie wussten, beschloss ich, ins Englische zu wechseln, auch wenn das natürlich eine viel größere Herausforderung war.

Bei meinen Nachforschungen habe ich alle Informationen über Mercedes Sosa, die ich in englischer Sprache finden konnte, gesammelt. Das meiste Material, das mir zur Verfügung stand, war jedoch auf Spanisch. Dass ich keinen Zugang zu spanischen Quellen hatte, schien zunächst ein Hindernis zu sein, stellte sich aber bald als Vorteil heraus, da ich so gezwungen war, all meine Sinne einzusetzen. Um die Geschichte einzigartig und persönlich zu machen, beschloss ich, bei meiner Wahrnehmungsmethode zu bleiben. Ich hörte mir die Lieder von Mercedes Sosa an, sah sie auf DVDs oder im Internet und lernte sie fast so kennen, wie man jemanden im wirklichen Leben kennenlernt. Wenn wir jemanden kennen lernen wollen, verbringen wir Zeit mit der Person, hören zu, was sie sagt, achten auf die Mimik und beobachten das Verhalten. Wir tun auch unser Bestes, um zu verstehen, was die andere Person gerade durchmacht. Auf diese Weise habe ich Mercedes Sosa kennen gelernt. Das heißt, ich habe sechs Jahre lang fast täglich Stunden in ihrer Gesellschaft verbracht und dabei auf ihre Stimme, ihre Mimik, ihre Gestik und ihre Art, mit anderen in Beziehung zu treten, geachtet und dabei die psychologischen und physischen Auswirkungen dieser Beobachtungen auf mich selbst wahrgenommen. Darüber hinaus habe ich die Erkenntnisse, die ich über Mercedes gewonnen habe, genutzt, um mich in ihre Lage zu versetzen. In der Passage, in der ich beschreibe, was ihr durch den Kopf ging, als das Publikum ihr einen zehnminütigen Stehapplaus gab, stand ich auf, schloss die Augen, lauschte dem Jubel dieses Konzerts und tat so, als wäre ich Mercedes – bis mein Mann kam und mich fragte, was in aller Welt ich da mache.

Ich habe meine Vorstellungskraft eingesetzt, um den Fluss der Erzählung zu verstärken oder wichtige Punkte in den folgenden Passagen hervorzuheben:

Mercedes' Reaktion auf den Tod von Víctor Jara.

Die Angstreaktion auf den Warnbrief von Triple A.

Ihre Gedanken auf der Rückreise aus dem Exil.

Die Angst davor, was die Leute über ihr Übergewicht denken werden, als sie sich im Spiegel betrachtet.

Wie sie den zehnminütigen stehenden Beifall in der Carnegie Hall erlebt.

Die Schlaflosigkeit beim Ausbruch ihrer Depression 1997.

Mercedes' Reflexionen über ihr Leben, während sie 2007 ihr Gesicht im Fenster betrachtet.

Das Warten auf Fabián, bevor er sie ins Krankenhaus bringt.

Die Konzerte, die ich beschreibe, enthalten auch Elemente aus anderen Konzerten. Manchmal werden in verschiedenen

Quellen unterschiedliche Angaben zu ein und demselben Thema gemacht. Es ist daher unklar, ob ihr Alkoholproblem direkt nach ihrer Scheidung oder während ihres Exils auftrat.

Es ist auch ungeklärt, was die Ursache für den Verlust ihrer Stimme am Anfang des Exils war. Ich habe dieses sehr seltene Phänomen recherchiert und herausgefunden, dass es wahrscheinlich ein Anstieg der Magensäure war, der das Problem verursachte. Da diese Erklärung auch herangezogen wurde, als sie ihre Stimme zum zweiten Mal während ihrer Depression verlor, ist es wahrscheinlich, dass es dieselbe Ursache war. In der medizinischen Fachsprache wird diese Diagnose als Reflux-Laryngitis bezeichnet.

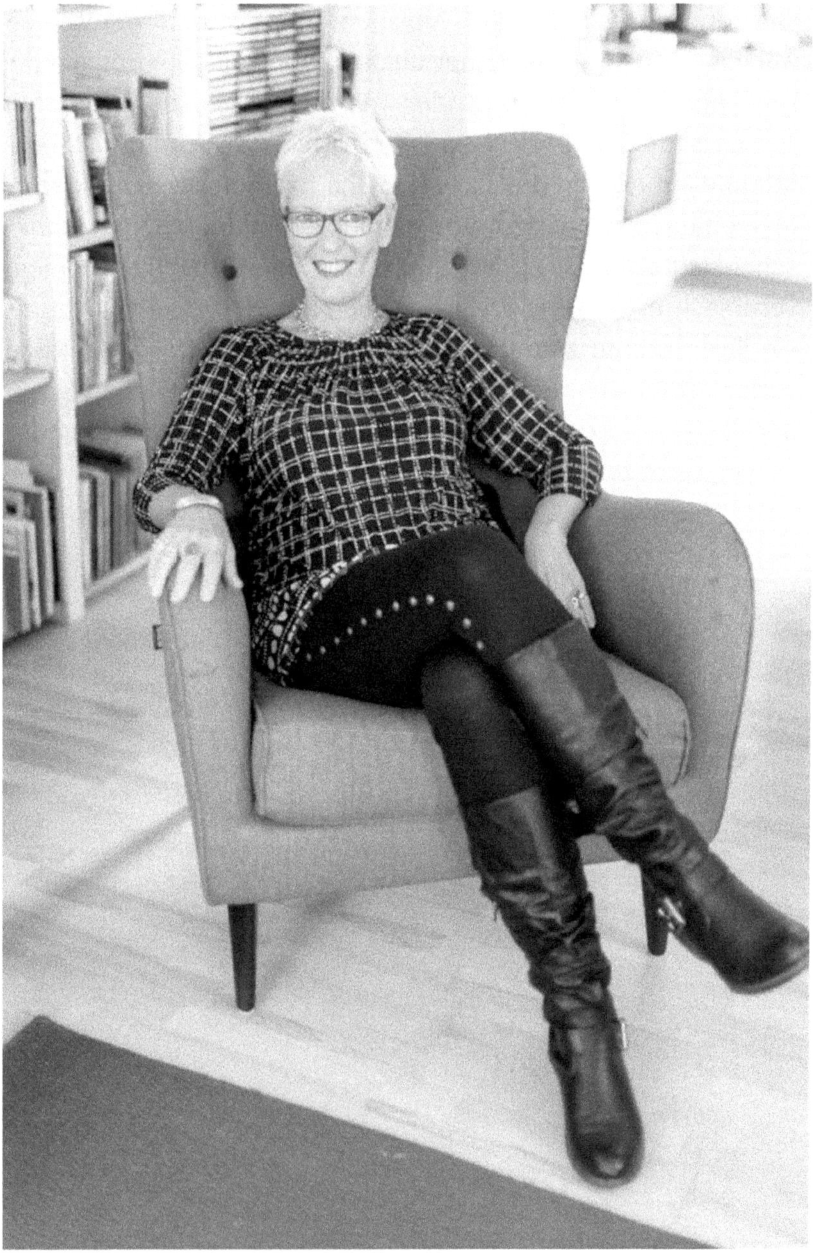

Über die Autorin

ANETTE CHRISTENSEN, geboren und aufgewachsen in Dänemark, begann ihre Karriere mit der Entwicklung internationaler Wohltätigkeitsprogramme. Später wurde sie Sprachlehrerin für Hochschulstudenten und leitete dann mit ihrem Mann ein Reisebüro und eine Immobilienagentur. Jetzt ist sie im Vorruhestand und lebt in der Türkei. Sie schreibt und konzentriert sich auf Persönlichkeitsentwicklung.

Anette reiste jahrelang durch viele Länder der Welt und machte viele Erfahrungen. Sie traf auf Menschen in unterschiedlichen Kulturen und mit ganz anderen Lebenseinstellungen als sie selbst, und sie war begierig, von ihnen zu lernen. Sie findet Freude daran, die Unterschiede zu verstehen und die Einzigartigkeit zu erkennen, die ihrer Meinung nach in jedem Menschen steckt.

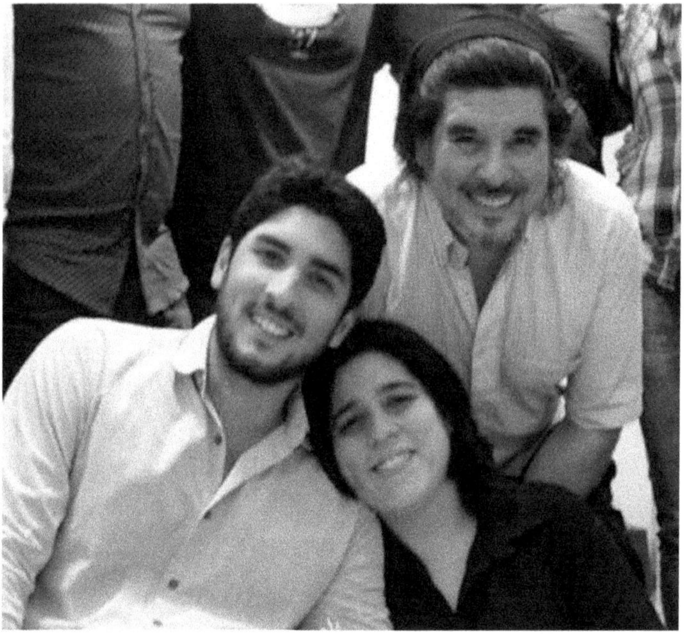

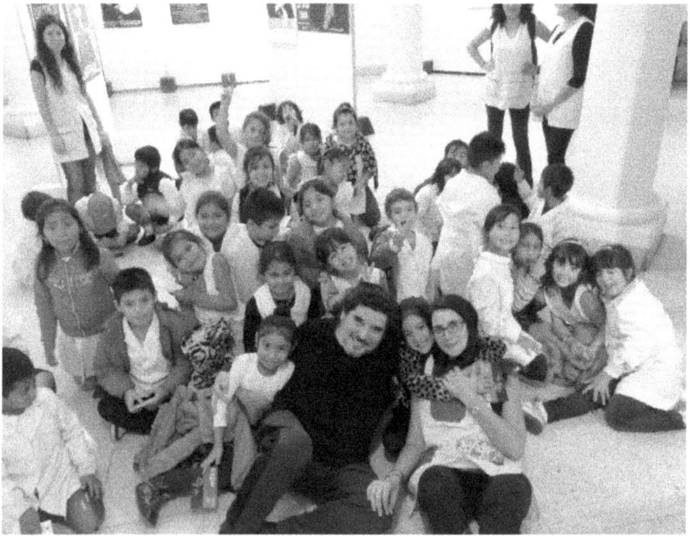

Die Mercedes-Sosa-Stiftung

IN ARGENTINIEN haben Fabián Matus, der Sohn von Mercedes Sosa, und ihre beiden Enkel Agustín und Araceli hart und mit ganzem Herzen daran gearbeitet, das Erbe von Mercedes Sosa lebendig zu halten. Ich freue mich sehr über die Verbindung zu dieser wunderbaren Familie und bin dankbar für ihre Unterstützung für dieses Buch und ihre Wertschätzung. Leider ist Fabián Matus am 15. März 2019 im Alter von nur sechzig Jahren an Krebs gestorben. Agustín und Araceli haben die Leitung der Stiftung übernommen.

Die Mercedes Sosa Stiftung ist eine gemeinnützige Kultureinrichtung, deren Ziel es ist, das künstlerische Erbe von Mercedes Sosa zu bewahren und zu verbreiten, um die lateinamerikanische Kultur in Argentinien und dem Rest der Welt zu fördern. Sie bietet zahlreiche kulturelle Aktivitäten an. Mehr Informationen unter *http://www.mercedessosa.org*.

Schlussbemerkung

VIELEN DANK für die Zeit, die Sie damit verbracht haben, Mercedes Sosa und mich kennenzulernen. Ich hoffe, Sie werden von hier aus mit einem starken Gefühl der Hoffnung und des Willkommenseins in dieser Welt weiter vorangehen. Wenn dieses Buch Sie in irgendeiner Weise berührt oder inspiriert hat, wäre ich Ihnen sehr dankbar, wenn Sie Ihre Leseerfahrung mit Ihrem Netzwerk teilen oder eine kurze Rezension auf Amazon oder Goodreads hinterlassen würden. Es wird anderen helfen, den gleichen Nutzen zu haben wie Sie.

Besuchen Sie meine Webseite mercedes-sosa.com oder facebook.com/AnetteChristensenAuthor, um sich weiter inspirieren zu lassen. Auf meinem YouTube-Kanal, der nach dem Buch benannt ist, finden Sie eine Auswahl an Wiedergabelisten mit handverlesenen Ausschnitten, die die Themen dieses Buches beleuchten. Ich hoffe, Sie finden sie nützlich.

Lieder und Episoden aus dem Buch
Lieder für Freude, Kraft und Energie
Lieder für Frieden, Hoffnung und Trost
Auftritte mit anderen Künstlern
Vollständige Konzerte in chronologischer Reihenfolge
Meine lateinamerikanischen Favoriten
Die Schönheit Lateinamerikas
Politik und Geschichte Lateinamerikas
Die psychologischen Aspekte

Diskografie

Canciones Con Fundamento (1959)
La Voz de la Zafra (1961)
Hermano (1966)
Yo no Canto Por Cantar (1966)
Para Cantarle a Mi Gente (1967)
Con Sabor a Mercedes Sosa (1968)
Mujeres Argentinas (1969)
El Grito de la Tierra (1970)
Navidad con Mercedes Sosa (1970)
Güemes, el Guerrillero del Norte (1971)
Homenaje a Violeta Parra (1971)
Cantata Sudamericana (1972)
Hasta la Victoria (1972)
Mercedes Sosa y Horacio Guarany (Single 1973)
Traigo Un Pueblo en Mi Voz (1973)
Mercedes Sosa y Horacio Guarany (Single 1974)
A Que Florezca Mi Pueblo (1975)
Niño de Mañana (1975)
En Dirección del Viento (1976)
Mercedes Sosa (1976)
Mercedes Sosa Interpreta a Atahualpa Yupanqui (1977)
O Cio da Terra (1977)
Serenata Para la Tierra de Uno (1979)
Gravado ao Vivo no Brasil (1980)
A Quién Doy (1981)
Mercedes Sosa en Argentina (1982)
Como un Pájaro Libre (1983)
Mercedes Sosa (1983)

Recital (1983)
¿Será Posible el Sur? (1984)
Corazón Americano (1985) (mit Milton Nascimento und León Gieco)
Vengo a Ofrecer Mi Corazón (1985)
Mercedes Sosa '86 (1986)
Mercedes Sosa '87 (1987)
Gracias a la Vida (1987)
Amigos Míos (1988)
Live in Europa (1990)
De Mí (1991)
30 Años (1993)
Sino (1993)
Gestos de Amor (1994)
Oro (1995)
Escondido en Ni País (1996)
Alta Fidelidad (1997) (mit Charly García)
Al Despertar (1998)
Misa Criolla (2000)
Acústico (2002)
Argentina Quiere Cantar (2003) (mit Víctor Heredia und León Gieco)
Corazón Libre (2005)
Cantora (2009)
Deja la Vida Volar (2010)
Censurada (2011)
Siempre en Ti (2013)
Selva Sola (2013)
Ángel (2014)
Lucerito (2015)

Quellenangaben

1. Mercedes Sosa has died, 4. Oktober 2009, Rachel Hall, *The Argentina Independent*.
2. Irgendwann singe ich John Lennon's Imagine, 25. Oktober 2003, Hinnerk Berlekamp, *berliner-zeitung.de*.
3. Cantora, Un Viaje Intimo, DVD.
4. Mercedes Sosa, La Voz de Latinoamérica, DVD.
5. Tribute to Mercedes Sosa, Oktober 2009, Renata Dikeopoulou, *ghostradio.gr*.
6. Tomamos la vida muy a la ligera, 1999, Víctor M. Amela, *solidaridad.net*.
7. Mi Canto Latinoamericano. Mercedes Sosa. Lieder, Texte und Noten, Claus Schreiner, 1988, Eurobuch, Darmstadt.
8. Mercedes Sosa, La Negra, Rodolfo Braceli, 2010, Penguin Random House.
9. La Nueva Canción, Smithsonian Folkways, The New Song Movement in South America.
10. Argentine singing legend Mercedes Sosa dies at 74, 5. Oktober 2009, Adam Bernstein, *Los Angeles Times*.
11. Mercedes Sosa, a voice of hope, 9. Oktober 1988, Larry Rohter, *The New York Times*.
12. Argentina's Mercedes Sosa emerges as a survivor, 22. Oktober 1988, Victor Valle, *Los Angeles Times*.
13. Mercedessosa.org.
14. The life and death of Víctor Jara, 18. September 2013, Andrew Tyler, *The Guardian*.
15. Argentine singer Sosa's power outlasted political tyranny, 14. Januar 2011, Mike Quinn, *Sounds Good*.

16. *Argentina releases Nazi files*, 4. Februar 1992, articles.sun-sentinel.com.
17. *Searching for life*, Rita Ardetti, 1999, University of California Press.
18. *Secret military dictatorship's documents found in basement*, 5. November 2013, Tess Bennett, The Argentina Independent.
19. *Mercedes Sosa comes back from the pit*, 26. Mai 1999, Utusan Online.
20. *La Negra is back - with God at her side*, 6. Juni 2007, Pablo Calvi, Daily News.
21. *Folk legend Mercedes Sosa dies*, 9. Oktober 2009, The Telegraph.
22. *Sosa's land always near in her songs*, 4. September 2003, Sandra Hernandez, Sunsentinel.
23. *Como un Pájaro Libre*, von Ricardo Willicher, DVD.
24. *Singing truth to power: Mercedes Sosa, 1935-2009*, T.M. Scruggs, nacla.org.
25. *Mercedes Sosa, Será Possible el Sur?* von Stefan Paul.
26. *Grandmothers of Plaza de Mayo find child 126*, 6. Dezember 2017, The Bubble, Argentina News.
27. *Argentina's diva of the dispossessed*, 13. März 2012, Tom Schnabel, blogs.kcrw.com.
28. *Mercedes Sosa, Song with no boundaries*, The Free Library.com.
29. *Migrant voice of Argentina*, 3. November 1989, Geoffrey Himes, Washington Post.
30. Earthcharter.org/discover.
31. *Three Worlds, Three Voices, One Vision*, DVD.
32. *Bruce Springsteen helped breach Berlin Wall*, Rolling Stone Magazine, 27. Juni 2013, von Jon Blistein.
33. Livekonzert in Boston, 1989, YouTube.
34. Show de Xuxa, Xuxa recipe Mercedes Sosa 1993, YouTube.

35. Mercedes Sosa: *Cantora an upright last offering*, Tobias Fischer, *Tokafi.com*.
36. *Qué puedo hacer si no es cantar?*, 20. Mai 2006, Karina Micheletto, *pagina12.com.ar*.
37. *Mercedes Sosa, the voice of the voiceless ones*, 12. Dezember 2011, Christel Veraart, Soundscapes, *Blogspot.com*.
38. *Argentina's diva of the dispossessed*, 13. März 2012, Tom Schnabel, *blogs.kcrw.com*.
39. *Mercedes Sosa, Singer or saint of the people*, 9. Februar 2014, Sandra Bertrand, *galomagazine.com*.
40. Live concert, Jujuy - Argentina en vivo, 1. und 2. März 2001, YouTube.
41. *Mercedes Sosa, a lifelong source of inspiration*, 9. Oktober 2009, Ian Malinow, *The Examiner*.
42. *Argentine singer Mercedes Sosa dies at 74*, 9. Oktober 2009, Helen Popper, *Reuters*.
43. *Mercedes Sosa se emocionó con una serenata sorpresa*, 21. Februar 2007, *Clarin.com*.
44. Serenata a la querida Negra Sosa, ofrecida por el programa Mp3, Música para el Tercer Milenio, conducido por El Bahiano, parte 1 and 2.
45. *Famed Argentine folk singer Mercedes Sosa hospitalized, breathing with a respirator*, 1. Oktober 2009, *entertainment.gaeatimes.com*.
46. *Argentine singer Mercedes Sosa in grave condition*, 3. Oktober 2009, *Latin American Herald Tribune*, *laht.com*.
47. *Mercedes Sosa, who sang of Argentina's turmoil, dies*, 5. Oktober 2009, Larry Rohter, *The New York Times*.
48. *How stress affects your brain*, Madhumita Murgia, *TED.com*.
49. *Cortisol in control? Oxytocin to the rescue for a more loving, healthier life*, *Drannacabeca.com*.

50. *The neurobiology of we*, Patty de Llosa, Parabola Magazine, 2011.
51. *Using the social engagement system*, 13. November 2012, Tom Bunn, Psychology Today.
52. *This is your brain on music*, 15. April 2013, Elizabeth Landau, CNN.
53. *Mercedes Sosa captivates with substance and style*, 13. November 2005, David Cazares, Sun Sentinel

Literaturverzeichnis

Bücher
The Penguin History of Latin America, Edwin Williamson, 1992, Penguin Group
Searching for Life, Rita Ardetti, 1999, University of California Press
Mi Canto Latinoamericano. Mercedes Sosa. Lieder, Texte und Noten, Claus Schreiner, 1988, Eurobuch, Darmstadt.
Mercedes Sosa, La Negra, Rodolfo Braceli, 2010, Penguin Random House
From Distress to De-stress, Pauline Skeates and Sandy Fabrin, 2010, Insight Services Ltd
Wherever You Go There You Are, Jon Kabat-Zinn, 2004, Hyperion
The Compassionate Mind, Paul Gilbert, 2010, Constable & Robinson

DVDs
Mercedes Sosa, Será possible el Sur? von Stefan Paul
Como un Pájaro Libre von Ricardo Willicher
Three Worlds, Three Voices, One Vision
Mercedes Sosa, Acústico en Suiza

Cantora, un Viaje Intimo
Mercedes Sosa, La Voz de Latinoamérica

Internetseiten
Mercedes Sosa: Cantora an upright last offering, Tobias, Tokafi.com
Folk legend Mercedes Sosa dies, 9. Oktober 2009, The Telegraph
Mercedes Sosa, who sang of Argentina's turmoil, dies, 5. Oktober 2009, Larry Rohter, The New York Times
Mercedes Sosa, a voice of hope, 9. Oktober 1988, Larry Rother, The New York Times
Argentine singing legend Mercedes Sosa dies at 74, 5. Oktober 2009, Adam Bernstein, Washington Post
Argentina's Mercedes Sosa emerges as a survivor, 22. Oktober 1988, Victor Valle, Los Angeles Times
Argentina's rebel-rousing diva, May 16, 2001, Robin Denselow, The Guardian
Mercedes Sosa obituary, 5. Oktober 2009, Garth Cartwright, The Guardian
Argentine singer Mercedes Sosa dies at 74, 9. Oktober 2009, Helen Popper, Reuters
Mercedes Sosa has died, 4. Oktober 2009, Rachel Hall, The Argentina Independent
Cumplo mi promesa, Martin Peres, Pagina 12.com
Secret military dictatorship's documents found in basement, November 5, 2013, Tess Bennett, The Argentina Independent
La Nueva Canción, Smithsonian Folkways, The New Song Movement in South America
Irgendwann singe ich John Lennon's Imagine, 25. Oktober 2003, Hinnerk Berlekamp, berliner-zeitung.de
Tribute to Mercedes Sosa, Oktober 2009, R. Dikeopoulou, ghostradio.gr
Famed Argentine Folk Singer Mercedes Sosa hospitalized, breathing with a respirator, 1. Oktober 2009, entertainment.gaeatimes.com

Argentine Singer, Mercedes Sosa, in grave condition, 3. Oktober 2009, Latin American Herald Tribune, laht.com
Earthcharter.org/discover
Mercedes Sosa's condition remains grave with deterioration of organ functions, Latin American Herald Tribune, laht.com
Sosa's land always near in her songs, 4. September 2003, Sandra Hernandez, Sun Sentinel
Argentina's diva of the dispossessed, 13. März 2012, Tom Schnabel, blogs.kcrw.com
Mercedes Sosa, singer or saint of the people, 9. Februar 2014, Sandra Bertrand, galomagazine.com
Cantora, Mercedes Sosa, Fernando Gonzalez, irom.wordpress.com
¿Qué puedo hacer si no es cantar?, 20. Mai 2006, Karina Micheletto, pagina12.com.ar
The neurobiology of we, Patty de Llosa, Parabola Magazine, 2011.
Mercedes Sosa, a compelling figure in world music and a social activist, 29. Oktober 1995, Don Heckman, Los Angeles Times
Political controversy won't keep Sosa out of Miami, 3. November 1989, John Lennart, Sun Sentinel
Argentina releases Nazi files, 4. Februar 1992, articles.sun-sentinel.com
Migrant voice of Argentina, 3. November 1989, Geoffrey Himes, Washington Post
Mission Justice - Argentina, Human rights violations in Argentina, 9. August 2010, Drew Gillespie, missionjusticeargentina.blogspot.com.tr
This is your brain on music, 15. April 2013, Elizabeth Landau, CNN
The science of love, Barbara Fredrickson, Aeon Magazine
Blending politics and music, 21. Oktober 2009, Bridget Broderick, Socialistworker.org
Mercedes Sosa, the voice of the voiceless ones, 12. Dezember 2011, Christel Veraart, Soundscapes, Blogspot.com
Argentina Plaza de Mayo Grandmothers find child 119, 1. Dezember 2015, BBC News

Film: Será Posible el Sur?, On an Argentine Singer, 11. September 1987, Jon Pareles, The New York Times

The life and death of Víctor Jara, 18. September 2013, Andrew Tyler, The Guardian

Argentine Singer Sosa's Power outlasted political tyranny, 14. Januar 2011, Mike Quinn, Sounds Good

Singing Truth to Power: Mercedes Sosa, 1935–2009, T.M. Scruggs, nacla.org

Bruce Springsteen helped breach Berlin Wall, 27. Juni 2013, Jon Blitstein

Mercedes Sosa, Songs with no boundaries, Juni 1996, Caleb Bach, Questia.com

Mercedes Sosa captivates with substance and style, 13. November 2005, David Cazares, Sun Sentinel

Tomamos la vida muy a la ligera, 1999, Victor M. Amela, solidaridad.net

Mercedes Sosa se emocionó con una serenata sorpresa, 21. Februar 2007, Clarin.com

La Negra is back – with God at her side, 6. Juni 2007, Pablo Calvi, Daily News

Mercedes Sosa comes back from the pit, 26. Mai 1999, Utusan Online

Argentina's Mercedes Sosa – She died in peace, a free woman, Georgianne Nienaber, Huffington Post

Using the social engagement system, 13. November 2012, Tom Bunn, Psychology Today

How stress affects your brain, Madhumita Murgia, TED.com

Mercedes Sosa, a lifelong source of inspiration, 9. Oktober 2009, Ian Malinow, The Examiner

Cortisol in control? Oxytocin to the rescue for a more loving, healthier life, Drannacabeca.com

The science and art of presence: How being open and receptive to life cultivates well-being, Daniel Siegel, Mindsightinstitute.com

Santiago Maldonado, Missing backpacker takes center stage in Argentina's elections, 6. Oktober 2017, Uki Goñi, The Guardian

Argentina. A 23 años del asesinato del periodista Mario Bonino, el crimen continúa impune, Resumen, 12. November 2016

Interviews
Christel Verarrt, Komponist und Sänger, Alaska
Fernando Pellegrini, Journalist, Argentinien
Luis Plaza Ibarra, Musiker, Göteborg, Schweden
Ignacio Zamalloa Markovic, Schauspieler, La Plata, Buenos Aires

Bildnachweis

1	© Daniela Pfeil
2	© Fabian Matus
3	© Insight International
4-5	© Coqui Sosa
6	© Reuters/Enrique Marcarian
7-9	© Reuters/Marcos Brindicci
10	© Reuters/Enrique Marcarian
11	© Reuters/Martin Acosta
12	© Annemarie Heinrich
13	© Reuters/Stringer
14	© Reuters/La Gaceta
15	© Reuters/STR New
16-17	© Reuters Stringer
18	© Ron Kroon/Anefo
19	© Reuters/Stringer
10	© Reuters/La Gaceta
21-22	© Sergio 252
23	© Reuters Foto
24	© Reuters/DyN
25-26	© Reuters/Enrique Marcarian
27	© Reuters Foto

28	© Reuters/Enrique Marcarian
29	© Reuters/Marcos Brindicci
30	© Reuters/Enrique Marcarian
31	© Reuters/Ho New
32	© Reuters/Enrique Garcia Medina
33	© Reuters/Enrique Shore
34	© Sergio 252
35	© Reuters Foto
36	© Reuters/La Gaceta
37-38	© Reuters Foto
39	© Reuters/Pavel Wolberg
40	© Reuters/Enrique Marcarian
41	© Reuters/Juan Alvear
42	© Reuters Foto
43	© Reuters/Oswaldo Rivas
44	© Reuters/Ezequiel Lazarte
45-46	© Die Mercedes-Sosa-Stiftung

Das Werk einschließlich aller Inhalte ist urheberrechtlich geschützt. Nachdruck oder Reproduktion (auch auszugsweise) in irgendeiner Form (Druck, Fotokopie oder anderes Verfahren) sowie die Einspeicherung, Verarbeitung, Vervielfältigung und Verbreitung mit Hilfe elektronischer Systeme jeglicher Art, gesamt oder auszugsweise, ist ohne ausdrückliche schriftliche Genehmigung des Autors untersagt, außer für kurze Erwähnung in einer Buchrezension.

Bibliografische Information der Deutschen Nationalbibliothek: Die Deutsche Nationalbibliothek verzeichnet diese Publikation in der Deutschen Nationalbibliografie; detaillierte bibliografische Daten sind im Internet über dnb.dnb.de abrufbar.